生活勵志

【暢銷十週年增訂版】

思路，決定你的出路

47個啟動人生進階思維的練習題

暢銷心靈作家　何權峰　著

高寶書版集團

序文／何振峰

假如有人嚴厲批評你，會導致你出現憤怒或沮喪的情緒，甚至失去信心，對嗎？

錯了，在這情境中有一個最重要的關鍵——你的思考。

不同思考導致不同結果。有人批評你，你覺得生氣，那是你的解釋，換個解釋，「多虧他替我著想，願意提醒我」，也許你會反過來感激他。

走在路上有人撞到你，如果你想的是：「這人好粗魯，真沒水準！」就會越想越氣。然而，如果你的想法是：「他可能有急事，或是心裡有事才會分神。」這時，你還會那麼生氣嗎？不，你可能還會同情他。

當我十年前開始主持研討會及評論時，只要會中有人起身離去，我就會難過：「那個人對我的話不感興趣」或是「不喜歡這場研討會」。這種想法令我不安，對自己也不再有把握。

這麼多年來，我已經學會用不同的方式去看這件事，現在若有人在研討會上中途離席，我會想：「他一定是有約，必須先離開」，或「他可能臨時有急事」。由於我的想法變了，心情不受影響，再度感覺到自己充滿自信。

我真的好希望學校裡教給學生的第一個課題是「思想如何產生作用」，人的一生當中，思想是我們所擁有的最有力量的工具。我們可以使用它們，用來創造歡樂、信心、希望。當然，我們也很容易就讓思想變成自毀的武器，像是常抱怨、愛生氣、悲觀、自我放棄等等。這也是為什麼正向心理學會成為全球最熱門的議題。

我們學了一大堆知識，我們學過歷史、地理、生物、物理，還辛苦的學外語，學如何開根號、解幾何，但是，大家是否想過比這更重要的事？心靈如何活動，如何提升自尊、如何看見自我價值，如何享受自我肯定的感覺、建立圓融的人際關係，如何創造美好的生活。這才是我們最需要的，不是嗎？

知識是船帆，智慧是船底，我們往往空有知識卻欠缺智慧，所以只要一點風吹草動，一點小挫敗，船就搖晃不定，甚至翻覆。

人生不可能一帆風順，任何人都會有失望與低落的時刻，但是你不能就此潰坐不起。如果你覺得沮喪，要記住，沒有人強逼你這樣憂鬱消沉；如果你覺得不快樂，沒有人強迫你沉溺在陰暗的角落。引述作家拉金斯的話：「世上充滿了許多美好的事物等待我們去欣賞，如果你看不見，那是因為你太執著於自己的悲傷。」

週末到附近園道散步，見到一個人雙眉緊鎖，步伐沈重。儘管陽光燦爛，景色宜人，他卻一臉陰鬱。想想看，我們生活在同一個世界，有的人笑逐顏開，有人卻愁眉不展，為什麼？

眼界決定世界，思路決定出路。人生重要的不是所站的位置，而是所朝的方向。如同《美麗人生》這部電影，同樣在納粹集中營的生活，也可能成為孩子眼中闖關奪寶的戰鬥營！

這世界依舊，所不同的只是我們的想法。換一個角度，換一種心情；換一個思路，多一條出路。

如果你沒有美麗的人生，那你最好有美麗的人生觀。

——梵谷

CONTENTS

PART 5

以對方的觀點看事情

PART 6

快樂大半建築在人與人的關係上

CONTENTS

PART 9
看見擁有，而不是沒有

PART 10
人生主導權在你手上

CONTENTS

PART 1

人生，從解決問題開始

人們的災難，常常成為他們的學問。

——伊索寓言

逃避問題，逃掉的是自己的人生

所有的人生，根本上都是在解決問題的過程。課業問題、親子問題、感情問題、婆媳問題，工作問題，當工作狀況好轉後，健康又出問題；或者健康好轉後，小孩又有問題。有時似乎所有事情都在同時紛沓而來，這究竟是怎麼回事呢？

首先我要說的話並不中聽，因為只要你還有一口氣在，就問題不斷。也正因如此，人們常覺得人生苦樂參半，甚至苦多於樂。

我太太問我，「你確定一開始就談這麼負面的觀念嗎？」不，我並不認為這些是負面的。寫在書的前頭，是因為它們是基本的真理。

人不去解決問題，問題自會解決他

受苦真的是必要的嗎？

是，也不是。

如果你未曾經歷你所經歷的痛苦，那麼你將過著平凡無趣的生活，你內在將無法成長，無法具備深度，不會懂得謙卑，不懂得慈悲，也難以體悟人生。

而為什麼說受苦不必要？因為既然痛苦是人生的必然，也是必要的，又何必深受其苦？

人們常抱怨：「為什麼人生如此艱難，為什麼我有這麼多問題，這麼多痛苦？」答案是，你沒有從正確的角度去看待它。沒錯，你確實有問題，但是你把它看成了一件壞事、一件不幸的遭遇時，它才會變成痛苦的。

你可以檢視你痛苦的經驗。當痛苦的時候，你內心發生什麼事？你會發現，你一定是跟「真相」在對抗，因為你不願接受那個事實，所以痛苦難過，對不對？

我們總以為保護自己免於痛苦就是對自己好。但無論你接受或排斥它，事實都不會改變。如果你不願接受事實，只會更加煩惱、痛苦，因為這就是你的人生啊。

想起一部電影「命運好好玩」，描述有個人買了一個遙控器，沒想到這個遙控器不但能遙控電視，還可以遙控人生。當他遇到了不想面對的事，他就用搖控器把它們「快轉」過去。

後來他發現遙控器居然會記憶，凡是他之前所省略的事件，遙控器都會自動快轉，過濾掉那些努力的艱難歷程；但同時，他也錯過了很多美好的事情。當失去的時候，他才明白那些曾經感到厭倦的，也許正是最可貴的。無論苦樂好壞，那段時光過了就過了，有錢也換不回。

人生不會只有開心、有趣的事，生活有高峰就會有低谷，有許多難關要度過，這就是人生。如果你一直逃避，最終會發現逃掉的是自己的人生。

會者不難，難者不會

什麼是問題？當你的智慧低於它，它就是問題；你的智慧高於它，它就不是問題了。

所謂「會者不難，難者不會」。有些對一個人很難的事，對另一個人卻是很容易，這通常與人生課題息息相關。

譬如，你剛學騎腳踏車時，可能一再跌倒，你會一直惦記著，且需要不斷地練習。一旦學會了，就不再跌倒，也不必惦記該怎麼騎。你可以許多個月，甚至許多年都不騎，然後一坐上座椅後仍四平八穩地騎出去兜風。

當你學會某件事物時，它就成了你的一部分，於是這些問題就消失不見，即使遇到了，對你來說也不再是問題。直到你遇到其他的問題，然後你再學習下一堂課。

有時你最不想遇到的人、最怕的事，往往就會遇到。發生了一件事，別人沒受傷，而你受傷；別人沒暴怒，而你暴怒；別人沒逃避，而你逃避了；別人不害怕，而你害怕了。你一直重複陷入某種狀況，那就表示你有某些核心問題尚未解決，而這個問題其實就是你的人生功課，那是因為你還沒學會。

我有一位學弟懊惱：「我最不喜歡被牽絆，也不想要有小孩，可是我太太懷孕了……。」他一向自由慣了，所以始終學不會「負責任」，突來的寶寶就成了他「躲不掉」的課題。

年輕時，我很怕寂寞，喜歡交朋友，愛熱鬧。而我最害怕的事物，自然也是我最需要克服的課題。

後來我開始寫作，必需花很多時間獨處，這才讓我學會面對自己，心也因此安定下來。

誰會遇到問題？只有那些還沒學會的人

找出你的人生課題：

- 你在生活和人際關係中最害怕會發生或是想避免的事是什麼？
- 有哪些人事物會觸發你、傷害你、激怒你，讓你覺得挫敗？
- 你生活周遭的人常抱怨你的哪些習慣、行為和特質？
- 你在工作、金錢、感情或是健康方面，有哪些讓你感到挫折或不滿？
- 生活中有哪些是你不喜歡但是卻一再重複發生的事？

神學家約瑟夫・坎貝爾說過：「唯有進入深淵，我們才能尋回生命的寶庫。你跌倒的地方，正是寶庫的所在地。你最害怕進入的洞穴，正是你探索的源頭。」你最害怕、厭惡、排斥的，也是你最需要面對的。

學習人生的課題有點像成長，你不會因為長大而突然變得快樂、更成熟、有智慧。如果你自身沒改變的話，同樣的問題便會一再出現。你會以同樣的劇本，同樣的模式，在演同樣的人生，直到有一天學會了用新的心態、新的方式、新的體悟在過相同的日子，才開啟全新的人生。

甘心領受，苦過必會回甘

很多小孩子不愛吃苦瓜，我自己小時候對苦瓜也排斥，每當父母要求一定要吃，總心不甘，情不願，可是不知為什麼到了某個年齡，開始覺得苦瓜好吃，還很喜歡吃。

記得小時候，放假常要到山裡果園幫忙，當時總覺得自己命苦，尤其想到要走那麼遠的山路，更是百般不願，後來長大也不知為什麼，反而很嚮往爬山，儘管長途跋涉卻不感艱辛，寒風刺骨也有如輕風拂面，途中若能來杯咖啡更是一大樂事。慢慢體會「享福」與「受苦」加在一起，才叫「享受」。

人多半都怕吃苦，遇到困難障礙時，通常都避之唯恐不及。然而問題也出在這，人想要滿足和成功，不可能輕鬆簡單。沒有人會把一件容易做到的事情當做自己的夢想，就算刻意這樣做也不會有成就感。

成長的感覺太重要了。想想，假若有一天，高山纜車可以讓我們輕易到達玉山頂峰，那麼攀登玉山還會是一件令我們感到神聖的憧憬嗎？

人們的問題，往往會變成他們的學問

在古代文化裡，年輕的男女要透過一種成年禮，當作進入成年世界的儀式。這些儀式牽涉到許多困難，甚至痛苦，象徵著生命進入更高層次的體悟與覺醒。

我喜歡把苦痛比喻為生命的成年禮，把人生所有遭遇的難題都當成是成長的階梯。每經歷一次磨難，就爬上一樓。一樓有一樓的問題，而後登上二樓、三樓，每登上一個樓層，就必須經過一段不愉快的洗禮，才能得到成長和提升。

反之，逃避問題，也就喪失了能幫助我們經由黑暗走向光明，經由傷害走向覺醒，經由痛苦走向躍升的機會。

這就好像爬山一樣，當你在山底下時，你的視野被許多雜物和陰影所遮蔽，而後你更往上一層爬去，視野就越開闊，也越清楚，直到爬到山頂往下望去，整個世界也為之開放。

你將發現，這一路走來，你所經歷的一切苦難的顛簸，以及挫敗、仇恨、絕望的荊棘，還有長滿憂愁的雜草和恐懼的大樹，都轉化成讓你成長的養分，讓你更堅強茁壯。

生命是來豐富我們的。人們的問題，往往也會變成他們的學問。我們雖不能決定自己要學習哪些課程，卻能決定要在喜樂或痛苦中學習。只要甘心領受，你會發現苦過必會回甘。

把change變成chance

生命無時無刻都在改變。沒有改變就沒有成長，沒有成長，生命就會枯萎。甚至連樹木都知道得很清楚。到某個季節，舊有的葉子就會掉落到地上，騰出空間讓新的葉子長出來。如果它們繼續抓住那些舊有的葉子，那麼新的葉子就會沒有空間可以長出來。

生命的變化也一樣，就像自然界的時序，每發生一次改變，我們就面臨一次轉變，當我們成功地完成轉變的同時，也就放棄了一部分舊的自我，這是個不斷完成的過程。

什麼東西結束了，它也是個開始

改變，是因為你需要轉變。

生命之所以要你改變，是因為你已經停滯，沒有成長，你快枯萎了；在我們一生中，免不了會遇到類似的經驗：失敗、升遷、破產、生病、意外或生離死別。這些事以各種不同面貌出現，但是它們都會逼得我們不得不馬上改變平常的想法和行為模式。

我不知道你的生活有什麼改變，但我知道任何變化都會帶來痛苦不安。因為所有改變都是具有破壞性的，即使是好的改變亦然。

如果你裝修過房子，一定很容易理解生命轉變，因為它們的過程很像：舊的一切仍在解體，新的一切尚未形成，人們在這一階段通常會感到煩躁困惑，這是正常的。

有個病人在住院期間，同時面臨婚變雙重打擊，她心情變得陰晴不定，她覺得自己快瘋了⋯⋯。

我告訴她：她所經歷的其實是「汰舊換新」的過度期。

面對改變，許多人之所以深陷痛苦，就是只看到外在的變化，卻忽略內在的轉變。你生活遇到了變化，但真正要轉變的是你，真正要轉變的是你的心態。是的，如果你能意識到，所經歷的是成長必經的道路，就不會如此煩躁不安；如果你知道，新生命即將開始，心就會平靜下來。

詩人艾略特說：「開始就是結束，結束也就是開始，正是從結束之處讓我們重新開始。」我們應該歡迎改變。試著想像你所期待的事會發生，想像你擁有更美好的人事物，就像歡迎一個春天冒出的嫩芽、一個新生命一般。

放掉枯黃的葉子，新的嫩芽才能冒出來。換掉change中的一個字母，就變成chance了。

PART 2

人的一生是由思想造成的

愉快的生活是由愉快的思想造成的。

——牛頓

難怪你一直快樂不起來

每當我問一些對生活不滿的人，究竟他的生活出了什麼問題，他們通常抱怨一堆。但我知道，這些抱怨只是因為他們內在思考模式的外在展現而已。

美國著名哲學家愛默生說：「一個人的存在就是他思考的表現。」甘地在他的書上也寫道：「一個人不過是他想法的產物。」

思想是我們所擁有最有力量的工具。我們可以用它來創造歡樂希望，當然也可能變成自毀的武器。

沉溺於消極的事情上，只會徒增負面力量

我最近與一個人談話，他說：「我讀過你的書，但還是快樂不起來。」他解釋說，他因工作不順、加上這陣子感情又受挫，心情常莫名的低落。他問：「有什麼方法可以改善我的情緒嗎？」

「我認為你的問題不在情緒，而是在思想。」我告訴他。

「怎麼說？」

「你每天起床，第一件想到的事情是什麼？」

「喔！我想到又要面對討厭的一天，心裡就覺得厭倦。」

「你平時最常想到什麼？」

「我想到我的生活真是一團糟，人生真是無趣。」

「那你上床就寢時想的是什麼？」

「還不就是一樣的事。」

「這就難怪你一直快樂不起來。」

每次有人陷入問題或心情低落時，我都建議他們把心靜下來，問問這個問題：「是什麼樣的想法造成我現在的問題和心情？」答案就在其中。

如果你不喜歡現在的心情，那就換個想法吧

我們都認識一些不如意的人，如果你仔細聽他們說話，你就會知道其中的原因——他們的思想毫無建設性，盡說些「我做得不好、我運氣很背、別人都不支持我、不重視我、他們吃定我、老愛找我麻煩、我做任何事都不順……」之類的話，果然做什麼事都不順。

也許有人會說：「但這是我生活的情況，這些都是事實啊！」會這麼說表示你還沒了解。想像你到車站買票，那裡擺著許多道想法，而不是地點。你可以選擇任何你要的想法，而這些想法將會締造你未來的經驗。如果你經常會帶

給自己不愉快的想法，就像選擇那些你不想去的地方，是不是很傻？

猶太裔作家瑪拉末如是說：「如果你的火車開錯鐵軌，你所停靠的每一個月台都會出錯。」

要脫離這種惡性循環只有一個方法，那就是要明瞭並記住：你的想法是由你自己選擇的，也是你要有令自己不愉快的想法。

你的情緒就是最好的線索。在想美好的事物的時候，你的感覺不可能會很糟。同樣的，當你心情好的時候，想的不可能是負面的。以你的心情做為指標，可以讓你知道自己置身哪一種思想模式。

從現在開始，觀察自己腦袋裡的想法。思想是否引導你去想要去的地方？或是助長你的憤怒、挫敗或沮喪？

如果你不喜歡現在的心情，那就換個想法吧！

你在餵養哪一隻狼？

一天晚上，印地安的族長老告訴孫子人心中的戰役。他說：「我兒，這場戰鬥是住在我們所有人裡面的兩隻『狼』在打仗。一隻是不快樂，就是恐懼、擔心、憤怒、嫉妒、抱持、悲傷、自憐、憎恨、自卑。另一隻是快樂，就是喜悅、關愛、友善、慷慨、慈悲、樂觀、感恩、希望。」

孫子想了一下，然後問爺爺：「哪一隻狼會贏？」

族長僅僅回答：「你餵養的那隻。」

你注意的焦點放在哪裡？是看見你欠缺的，還是擁有的？你受到的批評或誇獎？集中在你的憂慮和恐懼，或希望與夢想？專注在失敗或是成功？經常抱怨，還是感恩？

簡單說就是，你在餵養哪一隻狼？

你在生活中尋找什麼，就會發現什麼

有一個好例子。有位同事，她的丈夫是個工作狂，沒有什麼時間留給她，對此她感很到挫折。幾乎每星期，她都會和朋友共進午餐，抱怨她的不快；毫無例外的，每次抱怨完丈夫，她只覺得更加氣惱。

有一天她突然領悟到：她對丈夫真正感到氣惱的是他工作時間太久。不過，也正因為丈夫拚命工作，她才有錢和時間可以跟朋友聚餐。

所以，每當她想到丈夫時，她便面臨了一個重要的選擇點。其一是去想他丈夫的錯，讓自己氣惱。另一則是想丈夫的辛勞，這讓她覺得滿足和感恩。

更有意思的是，當她開始想丈夫的好，不僅在他不在時，也擴及當她和丈夫在一起的時候，她發現自己比以前更能享受與他共處的時間。對她的親切，丈夫也善意回應。現在他們兩人共處的時間也比以往都長了。

前陣子，有人在背後說了些莫須有的事，造成同事對我誤解，原本我很氣，想找機會報復，但這反而讓我成天悶悶不樂。於是我問自己：「我要餵養那隻惡狼嗎？」當我決定寬容以對，心情很快就平靜下來。

你可能遇到一些不如意的事，或者前面有著極艱難的問題，你有很好的理由讓自己不快樂。你可以繼續你的否定想法，和以往一樣，但是負面消極並不能讓情況好轉，抱怨批評只會使事情更糟，不是嗎？

有時我們會碰到一些人，境遇並不如意，不知道他們為什麼可以活得這麼快樂，而心生好奇。還有些人處境悲慘，為什麼還能苦中作樂，眉開眼笑？

其實關鍵都在一念間——你選擇餵養哪一隻狼，哪一隻就贏。

想法改變，人生就跟著改變

女友生日，小王興沖沖地送了一盒蛋糕過去。

女友說：「我們的感情，就像插在蛋糕上的蠟燭一樣。」

小王高興地說：「象徵光明與希望？」

女友冷冷地回答：「不，隨時都會吹了。」

越往好處想像，人生就越開闊

這世界是中立的，發生在你身上的事，沒有一樣是絕對正面或負面、好的或壞的，你之所以認為事情是好的，那是你的詮釋；同樣的，當你說某件事是不好的，那也是你的詮釋。

例如：某甲沒邀請某乙參加結婚喜宴，某乙認為自己受到某甲輕視而悶悶不樂，某甲事後解釋：「我是在替你省事，讓你既不用花錢買結婚禮物，又不用跟一大堆陌生人擠在一起觀禮，省得你無聊。」

兩個人遇到迎面而來的上司，但對方沒有與他們打招呼，便自顧自的走了過去。

這兩個人中的一個，對此情景是這樣想的：「他可能正在想別的事情，沒有注意到我。」

而另一個人卻有不同想法：「有什麼好神氣，竟然故意不理我。」不同的想法，就會產生不同的情緒和反應。

有個朋友被調派業務部門，沒想到才去幾天，主管就指名要他負責推廣公司最滯銷的產品。

許多人都為他抱屈，認為主管在刁難他。但他卻樂觀地說：「就算主管在刁難我，但也是在幫助我啊！想想看，如果我連公司最難銷的產品都能賣出，要我賣其他商品，不是輕而易舉嗎？」

主管交代你工作，你心想：「他是在找我麻煩。」心裡一定覺得不舒服。反過來，如果你想的是，「他非常看重我。」結果就完全不同，對嗎？越往好處想像，人生就越開闊；越往壞處思考，人生就越滯礙難行。

我們都是自己思想的產物

有位太太結婚後和婆婆同住，她有一大堆牢騷。

「每個月給她零用錢，所有生活開銷我們負責，生病住院和出國旅遊又額外支付。每次生日還要求我們給紅包，拜拜也都堅持要準備豐盛祭品，這都是沉重的負擔，她真不體恤我們。」她常跟丈夫抱怨。當然啦，婆媳關係也搞得很糟。

先生的詮釋就完全不同。他說：「媽媽送給我們現在住的房子加上家中的事業，算起來也不少錢了，給媽媽的錢就當作每月貸款利息吧！」

「媽媽要紅包是怕我忽略她，用最豐盛祭品，也是為全家祈福啊！」

「只要她心情愉快，精神有寄託，沒有病痛可以到處走走，不也是我們的福氣嗎？」

戴爾・卡內基曾被媒體問到：「你一生當中所學到最大的教訓是什麼？」他不假思索地說：「我們都是自己思想的產物。」

很多人不明白，任何事情都是從想法開始，先有想法，才有可能改變行為，之後才能改變個性，人生也因此而改變。

我年輕時，總是把父母對我的管教解讀成：「他們不尊重我，他們侵犯我的自主權。他們老是管我、使喚我！」也因此常心生防衛而且很排拒。

直到自己長大了，才了解到父母苦心，他們跟我說同樣的話，我的感受卻完全不同，你看到這不同之處嗎？

情況完全一樣，唯一不同的是我的想法。想法改變，人生就跟著改變。

這樣想對事情有幫助嗎？

你想什麼想得最頻繁，你就會得到什麼。

這是一個有趣的事實：我們的心中最強烈的意念，經常在不知不覺中引導我們的行為，並把這個念頭轉化為事實。

比方，在課堂上，害怕被點到上台或作答的學生，心裡常會想著：「拜託，千萬不要點到我。」奇怪老師偏偏就點到你。

許多有失敗經驗的人，往往容易再次失敗，原因即是他們把焦點放在「不要」失敗，而不是「要」怎樣成功，他們總在想「做錯什麼」，而不是「做什麼才對」，結果又再次錯了。

從前，高空走鋼索的馬戲團表演並沒有張掛安全網。有一位非常著名的走索人卡爾・華倫達以他步步驚魂的特技，風靡了無數觀眾。但是他在波多黎各表演時，卻失足落地，魂歸西天。後來，他的太太說出原因，原來他一直懷疑自己會掉下來，並時常問太太：「萬一掉下來怎麼辦？」他把很多的時間用在避免掉下來，而不是用在走鋼絲上。

如果你想到的是問題，你會發現各種問題；如果你專注所渴望的結果，往往得到美好結果。成功的人懂得以緊盯目標來克服猜疑、恐懼和不安的情緒，而不是專注於惱人的困擾上。

注意你想要的，而不是你擔心害怕的

因此，每當發現自己感到恐懼、煩惱、憂慮，或甚至沮喪，問問自己：「我在想什麼？這樣想對事情有幫助嗎？」

我常跟病人說：如果你把注意放在想要去除你的痛苦，那麼你的注意便在於你的痛苦。可是，如果你的注意力放在健康、內心安寧上，那麼你便會朝這個方向走。

一位克服了癌症的病人如是說：

有人問我如何治好癌症，我總是這麼說：「我沒有治療我的病——我只是決定要專注在生活上。」這兩者是不同的。

有一位旅客首次乘搭客輪，他與船長聊起來，「船長先生，你對河中每一處險灘，一定都知道得一清二楚，對嗎？」

船長說：「沒有，我對河中的險灘並不完全清楚。」

旅客驚訝地說：「你不知道哪裡有險灘，怎麼能駕船呢？」

船長說：「為什麼一定要在險灘之間摸索呢？我知道哪裡是安全的深水，

不就夠了嗎？」

永遠要記得你想要的，而不是你所擔心害怕的。

不要老是想你的問題，去想想你期待的結果吧

我聽說，有個攝影師技術一流，然而他最怕要幫人拍團體照。原因是，一排排坐的站的，時間稍長不免覺得無聊，即便不是閉目養神，也不時會眨眼。幾十個人，甚至上百人，「啪」一聲照下來，就有睜眼的，也有閉眼的。閉眼的看見照片，當然不高興；覺得自己不小心閉個眼，你為什麼偏偏選這張？

於是只好喊：「一！二！三！」但反複幾次，恰巧在喊「三」字時，總是有人閉眼，該怎麼辦？

後來這位攝影師換了一個思維，他請所有人全閉上眼，聽他的口令，同樣

是喊「一！二！三！」，但是要在「三」字上一起睜開眼睛。

果然，照片沖洗出來一看，連一個閉眼的人也沒有，大家都顯得神彩奕奕，於是眾人皆大歡喜。

在生活中，你想要得到什麼？更健康的身體？更好的成績？更順心的生活？更美好的關係？專注它！不要老是想你的問題，去想想你期待的結果吧！

PART 3

創意思考，鑽出牛角尖

能夠彈出聲音的弦本來就不只一根，
你也可以用其他的弦來彈看看。
——卡內基

我還能做什麼？

朋友寄來一篇很有意思的文章：

某電台請了一位商界奇才作嘉賓主持，大家非常希望能聽他談談成功之道。但他只是淡淡一笑，說：「還是出個題考考你們吧！某地發現了金礦，人們一窩蜂地湧去，然而一條大河擋住了必經之路，是你，會怎麼辦？」

有人說繞道走，也有人說游過去。但他卻含笑不語，最後他才說：「為什麼非得去淘金，為什麼不買船開展營運？」

大家這才恍然大悟。他說：「那樣的話，就算開價再高大家也會搭乘，因為金礦就在前面啊！」

是不是很有創意？

人生一定還有其他出路

你可能無法到世界旅遊，但也別因此就放棄你能前往的地方；你可能沒有資本開始創業，但你仍要繼續向友人或鄰居銷售你的產品；你也許不符合出缺的一個職位，但也別讓挫折感阻礙你想進修的計畫；你也許無法做到想做的事，但也別停止去做能做的事。

什麼叫創意思考？簡單說就是看見另外的選擇，發現其他的可能。如果你一時想不出來，就問自己：「我還能做些什麼？」

有個婦人打電話給電力公司，說她家斷了電，問該怎麼辦？電力公司的人建議：「打開冰箱把冰淇淋吃掉？」

人生不是非A即B，而是A、B可以同時並存，甚至A、B都沒了，也可能發現C或D。

將這點發揮得最淋漓盡致的人，無疑是丹尼爾・狄福筆下的魯賓遜。

當魯賓遜遇到船難，他人生的方向驟然轉變，他並沒有顧影自憐，相反地，他利用島上的一切求生存，探索各種可能。如果他怨天尤人，可能會浪費時間在哀悼自己失去的東西，最後饑渴而死。

不是路已到盡頭，而是該轉彎了

不管情況多糟，一定還有什麼是你可以做的，想想看。

有位教授，因腦部血栓，走路和說話都有困難，這以後要怎麼教學生？他告訴我：我了解自己來到了一個交叉路口。我可以憤世嫉俗，專注在我的問題上，但我也可以選擇另一條路。把我僅有的能力和體力用在「我還能做」的事情上。我最後決定寫書幫助學生。結果，我不但擺脫沮喪，也知道自己未來要走的路了。

一位腦部重創的年輕人，八個月住院，歷經感染和敗血病，最終雖恢復健康，卻留下癲癇、局部癱瘓和視力問題等後遺症。他說：「我可能永遠無法駕駛巴士，但會專注在可以做到什麼，而不是不能做什麼。」

有一位母親在得知孩子癌症後，她想了想：「我還能做些什麼？」於是她決定把孩子走過生命的歷程記錄下來。

她說：孩子走過與死亡交會這一遭，我深深體會生命的長度不是任何人可以控制的。在這無法掌控的生命歷程，要盡其己力做自己能夠做的事。就是積極的珍惜生命。

寫下陪伴孩子療程的點滴就是一項，每個孩子的情況，每個家庭的陪伴方式都不一樣，這是值得寫下來的，這是只有我自己能做的事。

套句美國教育家卡內基的話：「能夠彈出聲音的弦本來就不只一根，你也可以用其他的弦來彈彈看。」

找找看，這其中有什麼好玩的地方？

◆書店裡有兩類書很暢銷，一類是食譜，一類是節食的書。食譜告訴你如何烹飪美食，節食的書告訴你如何不吃美食。

◆發電站外面高掛著一塊告示牌，上面用紅筆寫著：嚴禁觸摸電線！五百伏特高壓，一觸即死。違者法辦！

◆報上說，有個人到統一便利超商去，丟了張一百元鈔票給店員要求換錢。當店員打開抽屜時，這個人拿出了一把手槍表明要劫走抽屜裡所有的錢，店員只好照做。這個人拿了抽屜裡所有的錢然後逃走，留下那張一百元鈔票。至於他到底拿走多少錢呢？答案是：三十五元。

我想說的是：在生活周遭每天都有趣事發生，我們欠缺的只是歡喜心和幽默感。只要你願意去發覺，歡笑就無所不在。

生活因幽默而變得輕鬆，人生因幽默而變得美麗

有人或許懷疑：「光是笑有什麼意義？」

事實上，光是笑就有意義。想想小孩的笑聲，只要有歡笑，就會發現身邊是美麗世界，幸福其實一直在我們左右沒有遠離。尤其人在低潮、不順心時，若能學會幽默以對，問題就解決了大半。

這例子我曾一再提到：有一對夫妻吵架，太太想起了過去所承受的種種委屈，不由地哭了起來，「我真是一朵鮮花插在牛糞上。」

先生正巧從外頭進來，聽到馬上自我解嘲：

「太太，牛糞來了！」

就這樣太太破涕為笑，化解了一場紛爭。

鋼琴家波奇，有一次在美國密西根州的福林特演奏。當他臨出場的一刻，才發現在座人數不到一半。他真的很失望。但他知道不能夠讓這種失望的情緒影響演出。於是他走向舞台的腳燈，向觀眾一鞠躬，然後對著觀眾說：「福林特這個城市一定很有錢！」觀眾好奇。

稍停頓之後，波奇繼續說：「我看到你們每個人都買了三個座位的票！」觀眾爆笑，氣氛馬上就來了。波奇也順利克服自己低落的心情。

生命太嚴肅了，切莫當真

曾有人問說：「人在低潮，又怎麼笑得出來？」事實正好相反，事態越嚴重越需要以輕鬆正面的方式看待。關鍵就是把焦點放在：「這件事有多好玩（或好笑）？」而不是放在：「這件事有多糟？」

老人院裡幾個老人聊天，有位老人說：「返老還童好像是真的耶！要不然為什麼我們現在都包尿布呢？」幽默就像為嬰兒換尿片，雖不能一勞永逸解決問題，但是能改善問題，甚至破涕為笑。

有一位女癌症病人，她陷入了昏迷，家人都難過的聚集在床前哭泣，就在臨終前，她睜開眼睛並說道：「天啊！你們的臉色怎麼這麼難看，發生什麼事了嗎？」接著她含笑而終。

英國劇作家王爾德說得對：「生命太嚴肅了，切莫當真。」

百善「笑」為先，只要你笑，世界都會跟著你笑。笑一個吧！

這其中有什麼好處？

租小巴士出遊，遇到一位健談的司機，他東南西北無所不談，從政治聊到經濟，說著說著，他忽然嘆口氣：「唉！這一行不好做。」

我說：「不會啦，大家都是一樣，做一行怨一行，不過我倒是覺得，你們這一行特別好！」

司機說：「哪有可能，好在那裡？」

我說：「想想看，每天都開著車出去兜風，有時載客到風景名勝，到處遊山玩水，吃當地美食，連路費都有人幫你付，這樣還不好嗎？」

司機露出了笑容：「嗯，被你這麼一說，好像真的還不錯！」

也是最近的事，有一位雜誌編輯向我訴苦，她表示上司是個完美主義者，每天都很挑剔地將她寫好的稿子和文案大改特改，令她倍感壓力。我請她逆向思考，想想上司這些挑剔行為，對她有什麼好處？

看她一臉狐疑，於是我告訴她：「妳想想看，有人免費替妳補習寫作技巧，而且還是利用上班工作時間，不是很好嗎？」

這些不愉快的事情裡，有什麼正面的價值？

「這其中有什麼好處？」一切轉念的關鍵就在：「我可能從中得到什麼？我該如何看到事情好的一面？」這問題的答案會賦予你新的認知，帶來全新的視野。舉例來說：

青菜有很多蟲，好處是沒灑太多農藥。

今天電梯要維修，好處是可以爬樓梯健身。

工作艱難、生意難做，好處是很少人跟你搶著做。

體檢報告很多紅字，好處是你會開始注意身體，改變飲食作息，開始運動。

有人對你不懷好意，好處是擺明對你不好，總比背地裡算計你要好多了。

疫情無法出門，好處是減少消費，可名正言順宅在家裡，降低地球的污染。

在最糟的情況下也能看到最好的一面，這就是樂觀的表現，也是心境翻轉的第一步。

有個朋友工作場所非常狹窄，有次我到他那裡，忍不住問：「這麼狹小擁擠的地方怎麼工作？你不會感到壓迫嗎？」

「沒錯！這地方是小了些，但也有它的好處。」朋友笑答，「就是假如你不認真工作，文件資料就會累積起來把我活埋，因此我的工作效率一直高。」

轉個念，你會發現事情沒那麼糟。

人生，永遠會有「其他的可能」

曾讀到一篇文章，感觸很深。寫到當年新加坡想要發展旅遊事業，但是，新加坡旅遊局卻沒有找到合適的旅遊景點。於是，旅遊局就呈送一份報告給總理李光耀，大意是說：我們新加坡不像埃及有金字塔，不像中國有長城，不像日本有富士山。我們除了一年四季直射的陽光，什麼名勝古蹟都沒有，要發展旅遊，實在是巧婦難為無米之炊。

總理看過報告之後，很不高興。他在報告上批了一行字：你想讓上帝給我們多少東西？陽光，陽光就夠了。

在李光耀的建議下，新加坡利用一年四季直射的陽光，種花植草，在很短的時間裡，發展成為世界著名的「花園城市」，連續多年，旅遊收入都高居亞洲第三。

什麼叫做機會？機會就是別人所無法看到的東西。

機會在那裡？就在別人認為不可能的事情當中。看似無望的僵局，絕望的處境，往往是另一個轉機、商機。

換一個思路，多一點出路

某大學的學生畢業在即，有天，教授在課堂上，突然問了學生們一個問題：「你們覺得世界上哪些地方的美食最有名？」

「法國！」一個學生舉手搶答：「法國料理舉世無雙！」

「是日本！」另一個學生說：「日本懷石料理簡直就是藝術！」

另外還有學生說：「是中國的四川！四川料理又麻又辣，讓人越吃越愛！」

「你們都說得很有道理。」教授說：「現在，請大家想一想，這些以美食知名的地方，有什麼共通點？」

學生左思右想，卻都答不出來。

最後，教授宣布答案：「這些地方的共通點就在於——他們都是食材缺乏的地區。」

學生們聽了，議論紛紛。

教授繼續解釋：「以前的法國不容易吃到新鮮的海產，所以食物才要經過醃漬、添加香料；懷石料理法發源於京都，京都地處內陸，新鮮食物少，所以得靠精緻的擺盤、裝飾取勝；過去的四川也不例外，要加辣、添香，以彌補食材的不足。」

學生聽了覺得很有道理，紛紛點頭。

「我之所以說這件事，是希望所有同學畢業後都能記得……」教授說：

「永遠不要抱怨自己資源不足。因為資源不足，往往就是你們最大的資源。」

愛因斯坦最喜歡說的一句話，「機會隱藏在困難中！」

每個危機都是一個轉機——
一個可以發掘問題的機會，
一個可以突破現況的機會，
一個可以超越自己的機會，
一個可以重新開始的機會。
多一個思路，多一點出路。人生，永遠會有「其他的可能」。

PART 4

尊重每一個人都不同

對人不尊敬，首先就是對自己的不尊敬。

——惠特曼

先尊重，再相愛

這地球上都有一個共同點，就是每個人都不同。即使是雙胞胎，都有其差異之處。事實上，差異性會使得世界變豐富，有這麼多不同特質，就如同花園裡的花。花的顏色若全一樣，花園一定顯得非常單調。花園之所以漂亮，正因為有黃、有橘、有綠、有紅、有紫，有五顏六色。

用你喜歡方式生活、聽自己的音樂，愛自己的髮型，這就是你。別人喜歡某個東西，他愛養寵物，偏好某種香水、喜歡跳舞——也很好，尊重他的選擇。有人喜歡私自獨處，有人喜愛社交聊天；有人喜歡古典音樂，有人愛激烈的搖滾樂，每個人都是自由的，若你不喜歡，也不必因此變成你的敵人。就像台式的臭豆腐相對於西式的乳酪，各自有特色，何必彼此相互嫌棄？

沒有基本的尊重，再美好的感情終會消散

常聽人說：「我就是看不慣某人。」「我就是和某某人合不來。」之所以合不來、看不慣、難相處，主要還是性格志趣上的差異。

之前就和一位朋友聊到，許多人本來婚前很恩愛，婚後卻吵個不停；一些好兄弟、好姐妹、好朋友，在一起越久，心結越多……為什麼？

「相愛容易，相處難」這句話早就聽到爛，但我們卻一直不去正視。如果欠缺尊重，再好的交情也會變質。

很多人並未真了解尊重。尊重，是不論我們喜歡或是不喜歡的，只要是出自另一個人的思想與感覺，我們應該尊重，也就是接納他人可以與我們不同。反過來說，如果因為自己喜歡一件事或一樣東西，就用行動強迫別人接受，這

就是不尊重。

人本來就有差異，但有一點是完全相同的，地球上每一個人都有個共同點：那就是人都需要尊重。哪怕是一個小孩，或是一文不名的人，都有被尊重的基本需要。每天生活在一起的人以及你所愛的人更需要尊重。

當你覺得自己不被愛時，你有尊重對方嗎？

曾有人問，愛的本質是什麼？有人說：是兩情相悅的真愛吧！這我不否認，但我認為更重要的是尊重，沒有了基本的尊重，再美好的愛情終會消散。

美國思想家愛默生一定深有同感，他在《女人要愛，男人要尊重》書中寫道：「我領會到為何這麼難以去愛和尊重。每當丈夫感到不受尊重時，特別難去愛他的妻子。每當妻子不能感覺被愛時，特別難去尊重她的丈夫。」

他接著說，「當一個丈夫沒有感受到被尊重時，他自然的反應就是無法對妻子表現出愛的態度；而當一個妻子從丈夫那邊沒有得到愛的感受時，她自然的反應就是對丈夫沒有半點尊重。……事情變得一發不可收拾；沒有愛，她便做出毫不尊重的反應；沒有尊重，他便做出毫無愛意的反應。這樣的惡性循環重複出現。」

我完全同意。事實上愛就是尊重。沒有人可以一直當應聲蟲，附和著另一個人。所以，想想看：

當你覺得自己不被愛時，你有尊重對方嗎？

當你跟某人不合、處不來時，為什麼要配合你才能相處？

你想做自己，為什麼不讓別人也做自己？

先尊重，再相愛。人與人相處就是需要互相尊重，能夠尊重別人的人才能贏得別人的愛。

承認每一件事都可以有多方面看法

松下幸之助曾講過一個故事。他說，有一個人在池塘邊拍了兩下手掌，結果樹上的小鳥以為有危險飛走，水中的魚以為有人要餵食而聚集，茶館的女孩以為客人要喝茶而端出一杯茶來。一個動作引起了三種不同的反應。

這樣的事在我們的生活中也是每天都在發生。人受過去生命經驗的影響，同一個事件，每個人都因自己的經驗、角度、觀點不同，而有截然不同的認知和意義。如果能了解這個道理，知道自己常常用主觀的想法來詮釋事情，那麼你已經踏出一大步。

另外，大家還必須明白，人總是只用一個角度看事情，比方說你和某人發生爭執，如果你堅持自己的看法，那麼便會產生對立衝突，要是你肯承認雙方的想法都有道理，對立便自然消除。

你有沒有想過，也許對方才是對的？

「主觀」並沒有錯，重點是除了有自己的主觀，同時還要考慮到其他人也有他自己的主觀。綜合大家的觀點，便是「客觀」。

所以，每當遇到爭端，當有人問我支持誰對誰錯時，我會從口袋拿出一個十元硬幣，然後要他告訴我哪一面才是正面。

我想說的是兩方觀點都很重要。任何事物都是雙面的，有時候甚至沒有對錯，你以為錯的，在別人看來或許是對的。

以下三個步驟可以幫助你客觀待人處事：

一、了解你是主觀的。發生衝突時，告訴自己：我的看法可能太偏狹。

二、拋開舊想法。當與人爭論時，把它當做一種提示：是不是我太執著於固有的想法？

三、換個角度看事情。檢討你對事情的看法，有沒有可能對方才是對的？

環視我們周遭，想想所有我們認識的人，最不快樂，最不友善的人，就是那些自以為「是」的人。他們無法理解別人是以不同的方式看世界。

如果你問他們為什麼生彼此的氣，常常爭吵，他們多半回答：「因為我們看法不同。」換句話說，他們認為看法不同必起爭執。其實，意見不同也可以好好討論，為什麼非起爭執？

想贏得認同，你就得很有智慧地說：「從你觀點來看，我能體會。」

記住，不論你的見解多麼客觀，都是來自你的主觀。何妨站在對方的立場，再想想看呢？

能言善道不如洗耳恭聽

說與聽，是溝通的兩大要件。說，表達了自我思想和情感；聽，則是指接收別人所傳達的訊息。人喜歡「說」多於「聽」，不過「聽」其實比「說」更難。

聽為什麼如此困難？因為我們大都只關注自己的問題、思想和見解，我們通常都急於表達自己的意見，生怕他人不能理解我們的意思，唯恐沒發表看法的機會；而當別人和我們說話，向我們傾訴時，我們卻表現得極其不耐煩。

也就是說，「我們只想得到別人的理解，卻沒想過去理解別人。」

那就是為什麼夫妻感情日漸淡漠，親子關係劍拔弩張，與朋友之間疏離冷落。長期的溝通不良，甚至不溝通，往往是主因。

懂得傾聽，就是最好的溝通

男人總是說：女人心海底針！

女人則常感嘆：真搞不懂男人！

其實問題不在男女差異，而是大家都懶得了解。一方或雙方不願傾聽。

心理諮詢顧問和離婚專業律師最清楚，他們每天都在聽委託人抱怨：「他（或她）根本沒在聽我講話。」

不少父母，老師和主管都有過類似的煩惱。他們以為已經把自己的意思說清楚了，卻發現孩子、學生和下面的人根本沒聽進去。

在一個小學校裡，老師發現一個男孩沒有在聽課，而且很浮躁，坐立不安。所以她就問：「為什麼？你有問題嗎？你沒聽到我在講話嗎？」

那個男孩回答說：「聽是可以聽得到，能不能聽進去才是問題。」

他說到了重點：「聽到是沒有問題，但有沒有聽進去是另一個問題。」

你有沒有想過你為什麼要聽別人說話？你聽到的是自己的想法，還是對方的想法？這兩者很不相同。如果你有先入為主的想法，或是只聽了一半，就以為自己已經聽明白了，就得出了結論，這樣有聽不等於沒聽？

一知半解比無知可怕

話說有位老師為了勸人向善，於是鼓勵學生：「做好事，然後把它丟到井裡。」他的意思是說：多做好事，然後立刻忘掉它，「施恩不求回報」。

隔天，有位學生馬上身體力行，幫助一個年老的婦人走過馬路，隨後就將她推到井裡。

「做好事，然後把它丟到井裡。」他說這是老師教的。

你對他人的了解往往受限於你認為你已經知道的事，要真正的聆聽，我們必須放棄或者把所有的成見、預設擺在一邊。你所知道的不可能和我知道的一樣，因為我們不一樣。所以，在你說之前，先聽我說。

美國小說家海明威曾感慨說，「我們花了兩年學會說話，卻要花上六十年來學會閉嘴。」

開口可以是一時衝動，閉嘴卻需要一定的自制力。要當個好聽眾，記得下面四條原則：

一、隨時留心。把注意力放在別人的話題上，試著進入他們的觀點，而不是從你的角度聆聽。

二、注視對方的眼睛或臉部。不要左顧右盼，這樣會使對方分心，而且讓人覺得不受重視。

三、應聲附和。是讓對方知道「我很認真在聽」最好的方式。回應對方的話，不妨說出你對他們所說的話的了解，就你所聽見和理解的。

四、忘了自己。如果無法忘記自己，你便無法傾聽。如果你的自我意識過多，你是假裝自己在聽罷了。或許你會偶爾點點頭，或許會回應幾句，但那不是傾聽。

能言善道不如洗耳恭聽。懂得傾聽，就是最好的溝通；學會聆聽，你到哪裡都受歡迎！

如何與人和諧相處？

你知道與人相處什麼最難？

想改變人最難。難道你沒發現？幾乎每個妻子都想改變丈夫，丈夫也想改變妻子，父母想改變子女，子女也想改變父母；還有些人想改變朋友或婆婆、媳婦，結果呢？就像尼采講的，一心要除魔的人最易著魔——你越想改變別人，關係往往越糟。

有位父親感觸很深，他說：

把孩子拉拔長大的那幾年，我真是吃足苦頭，我的人生很少碰到過像那段期間一樣，帶給我這麼多焦慮和沮喪。我以為只要自己做了「正確」的事，像是要他們讀書，學才藝，教他們做人處事，而且要求他們依循我的生活準則的話，孩子們就會自然接受跟我們一樣的想法和價值觀。

我那種一廂情願的做法沒有考慮到孩子的意願。我四個孩子其中三個接連出現叛逆的情況，我懷疑，自己到底做錯了什麼？

事實上，每個人都依照自己本性，你也依照自己的本性，這並沒有什麼不對，錯在你想把對方變成你要的樣子。

你希望做自己，為什麼別人就不能？

作家喬・卡巴金說過一則故事：

有位旅人來到希臘小島，看到一位小男孩用盡千方百計，只為了讓驢子移動一步。男孩小心翼翼地把生鮮蔬菜裝入驢子的馱籃裡，打算運走，但是驢子不為所動，四個蹄子穩健踩在地上。

祖父聽到騷動，走到屋外，瞥見這熟悉的景象，立即明白了癥結。他輕輕拿過孫子手中的繩子，微笑說：「等牠有心情時，試看這個方法；像這樣輕鬆握著韁繩，然後緊貼牠旁邊站著，往下注視你要去的方向路線，耐心等著。」

男孩遵照祖父的吩咐，結果不一會兒，驢子就開始往前走了。男孩開心地咯咯笑，旅行者看著他們踏著輕快的步伐快快樂樂地往前，消失在遠方的轉角。

人們常問，要怎麼與人和諧相處？

我的回答很簡單，只要順其本性。

每個人之所以是今天這個樣子，都有各自獨特的生命經歷和背景，我們怎麼能不尊重呢？你希望做自己，為什麼別人就不能？

有位朋友說她父親已近八十歲了，老媽還是常數落老爸積習難改。她說，父母的相處模式，讓她有所警惕，一輩子用盡力氣在改變別人，到頭來只會讓自己感到挫敗與憤恨。就像那位猛拉韁繩的小男孩，這種拔河永遠沒完沒了。

何不試試祖父的忠告，順其本性，讓事情自然發展？

PART 5

以對方的觀點看事情

當我們能像對待自己生命一般，去體會別人的生命時，
我們便實踐了神的律法。
——朱塞佩・馬志尼

該如何看待犯錯這件事？

有一個老和尚有兩個徒弟，大和尚和小和尚。

一天吃完飯後，小和尚在洗碗，突然把碗打破了一個。

大和尚馬上跑到老和尚的禪房：「師父，師弟剛剛打破了一個碗。」

老和尚手撚佛珠，雙眼微閉，說道：「我相信你永遠都不會打破碗！」

大和尚啞口無言。

當我們在人前嚴厲譴責犯錯的人時，內心浮現一股正氣，好像自己是個不會犯錯的人一般。然而在人後，我們真的沒有私心？沒有任何缺點？真的完美高尚到從不犯錯？這問題實在值得大家深思。

誰能保證自己永遠都不犯錯？沒有，只要是人，都會犯錯，聖人也會犯錯，連偉人也沒有偉大到不會犯錯。

既然我們自己也不是十全十美，該如何看待別人的錯呢？其實不難，只要不要再用完美的標準看人就行。其次，當我們面對別人的錯，多以包容和寬待，就像我們希望別人也是這樣看待我們一樣。

一個人越不成熟，越難從別人的角度看事情

有人曾說過，「當我們評判他人時，我們看他做過了什麼；而當我們評判自己時，我們只是看我們想做什麼。」

我們並不想犯錯，或者這只是一時衝動，一時疏忽，或是那天心情很糟。然而當我們評斷別人，卻很少以同理心，那就是為什麼人們總習慣嚴以律人，

寬以待己。

為什麼沒同理心？這跟個人的成熟度有關。

說一則故事：近幾年，孩子通常只記得母親節，幾乎忘了父親節的存在。今天又到了八月八號，家裡面一樣沒有人提起，爸爸有點失落的，坐在餐桌前與家人用餐。

不久，孩子往冰箱走去，打開冰箱拿東西後，神秘的問著爸爸：「爸爸！你知道今天幾號嗎？」

爸爸心中竊喜，歷經多年的艱熬，孩子終於記得父親節……爸爸假裝若無其事地回答：「今天是八月八號，有什麼事嗎？」

孩子沮喪地說：「糟了！鮮奶已經過期了！」

同理心的培養或許是一切教育的當務之急。

許多研究幼兒心理的專家主張：人們在七歲以前，基本上都是以自我為中心的。如果沒有隨著年齡的成長而心理上成熟，便無法瞭解到別人的感受。假如我們對他人的感受渾然不覺，所有人際關係都會變成無解的啞謎。

我們在別人身上看到的不完美，就是我們自身的不完美

以前小孩進出房間，有時因風大，關門常會「砰」一聲，我覺得太粗魯了，於是責斥他。沒想到事隔幾天，我自己關房門也不小心「砰」了一聲，孩子回敬我：「這回是誰啊！那麼不小心。」從此我就閉上嘴巴。

是我們的缺點使我們彼此相像。寬恕別人，就是要看到自己也有缺點和短處。聖經中有個故事，有個犯罪的女人要被石頭打死，於是耶穌就對那些人說：「你們之中誰不是罪人的，就可以把她打死。」想當然爾，所有的人都離開了。誰敢說自己不是罪人呢？而後，「耶穌也不定那女人的罪」。

當別人做了可惡的事，講寬恕確實很困難；但不論你願不願意承認，如果

你和那個人一樣失去理智、一樣恐懼，或對事物的理解一樣侷限，可能也會做出同樣的事。

因此，你要問：「我是不是也曾有類似行為？」一旦我們意識到自己所做所為跟你討厭的人雷同，就比較能發揮同理心。

「恕」字拆開看，是「如」、「心」，就是「將心比心」，你心如我心，我心如你心。你了解得越深，就越能看清，原來我們在別人身上看到的不完美，就是我們自身的不完美，此後你就不會再嚴厲譴責犯錯的人。

將心比心，角色互換

記得年輕時，每次聽人家陳述他的問題後，常很快要給對方建議，而且發語詞總是：「如果我是你的話，我就……。」後來想想這個說法根本是錯的，因為我本來就不是他，怎能從他的立場出發，設想他的問題。即使親如夫妻、父子、母女，一個每天生活在一起的人，也不可能全然了解。

那要如何了解別人？很簡單，就四個字：「將心比心」。我想得到的東西，別人也會想得到；我會厭煩，別人也會厭煩；我不喜歡被嘮叨，別人也不喜歡被嘮叨；我不想承擔壓力責任，別人也不想承擔壓力責任……。只有從別人的角度看事情，才可能真正了解。

同理心就是以善心來詮釋一個人

將心比心，亦即同理心，能夠身處對方立場思考，才能夠察覺感受對方真正的情緒和處境。

戰國時齊國的公子孟嘗君，食客數千，可謂賓客盈門、謀士雲集。一次，他受人誣陷，被撤去職位和封地，門下食客也紛紛離他而去。後來，他依靠賢士馮諼出謀策劃，重新獲得了相位和封地。當馮諼奉命迎接他回都城復職時，不禁對馮諼大發感嘆說：「我平時十分敬重賢士，不曾怠慢。可是，他們見我被撤職，就紛紛離開我，沒有一個人願意追隨我。今天全靠先生之力，我才能官復原位。那些背叛我的人還有什麼臉來見我？如果誰想重新回來投靠我，我一定要吐痰在他臉上！」

馮諼說：「事物都有它必然的道裡，您何必生氣呢？……富貴了，賓客自然多；貧賤了，賓客自然少，這是自然的道理。您難道沒有見過那些到市場上去的人嗎?天一亮，大家側著肩扳著門也要擠進去；傍晚時，路過市集的人甩著胳膊走過去，看都不看一眼。他們並不是喜愛早晨厭惡傍晚，而是因為傍晚的市集上已沒有他們所需要的貨物了。您先前失去相位，沒有賓客們需要的東西，他們自然紛紛離去。」

同理心就是以善心來詮釋一個人。今天我們認為某人是敵人，但他也必然為某人所愛或攜帶著某人的期待；今天跟你競爭的那個人，他跟你一樣想得到讚賞、想得到肯定、受到重用，渴望得到愛。

當對方知道自己的心聲被聽到時，情緒頓時平息下來

作家瑪麗．沃夫史東卡芙特．雪莉說過：「沒有人會為惡而作惡；他犯錯只是因為想要追求快樂。」

看似高高在上的父親有自己的壓力與無奈，愛嘮叨的媽媽有自己的辛酸和

委屈，不受教的子女也有自己的苦悶與無助……，每個人都希望身邊人能夠理解，但又何嘗用心了解對方？

這對話許多人應該都聽過：妻子正在廚房炒菜，丈夫在旁邊一直嘮叨個不停，一會說火太大了，一會說油放多了，一會兒又說把鍋子放歪了。妻子忍不住：「住口，我知道怎樣炒菜！」丈夫平靜地答道：「妳當然懂，我只是想讓妳知道，我在開車時，妳在旁邊喋喋不休，我的感覺如何。」

你也可以換身份，在你心裡先選好對象，然後去想像你變成那個人。舉個例子，如果這人是你的爸爸或先生，他在上班，你就想像自己開他的車去公司，開始過他所過的一整天，直到回家進門，看到房子一團亂，你正靠在沙發滑手機的畫面，他的感覺是什麼？心裡作何感受？

當教導孩子時，情緒失控，試著角色互換，「如果我是孩子，有何感受？」想想他還是個孩子，想想自己也曾年輕過，是不是氣就消了？

有位朋友，常抱怨太太愛嘮叨，每次跟朋友聚會就碎碎念，真受不了，每天上班累得要死，難道我不能放鬆一下嗎？

如果他能「換位思考」：雖然我很累，但當全職媽媽更累，從早忙到晚，像是一個永無休止的循環。反倒我下班回到家就可以休息，偶爾還可以和朋友聚會歡樂，也難怪她要嘮叨了。以後我應該多體貼，學著做一些家事，幫她分擔一些壓力。

要平撫情緒最好的方法，就是不斷地認同對方的感受，明白對方因此而起的不悅和情緒困擾，當對方知道自己的心聲被聽到時，很奇妙的，情緒頓時平息下來。

你期待有更好的關係？想與人更交心嗎？

學習將心比心，角色互換一下吧！

了解一切，便是原諒一切

你覺得那個人自私無禮討人厭，讓人看不順眼。

但是，如果你知道他童年曾經受虐，沒人疼愛，遭受過許多創傷，你還會那麼厭惡嗎？

我認識一個老師，他平常是很溫和的人，但是只要有學生不專心聽講，或在課堂上說話，他會突然發飆。後來在一次閒聊，才得知，原來從小他的父母都很忙，常冷落他，聽他說話也總是心不在焉。

以前有位同事大家都「敬而遠之」，就我記憶所及，從來沒有聽過她正面評斷一個人或一件事，給人感覺也很強勢，說話總咄咄逼人……。我實在忍不住好奇，就問她，妳怎麼會那麼有「威嚴」？

她說，從小失去父親，母親重病，身為長女，她必須一肩扛起家計，還要面對世態炎涼，她絕不能「軟弱」。原來悲觀是她的自我保護，強勢則是自我防衛。關閉的心，原來最需要關心。

人只有在了解以後，才能真正的看見

我們若注視我們不喜歡的人的內心，就會發現他是因為不快樂才做出這些行為。仔細觀察你會發現，經常傷人的人，往往內心有許多傷痛；由於成長環境或正處於低潮，說出的話也總是尖酸苛薄；刁難他人的人，多半源於自卑心理；通常越不安的人，就越覺得必須塑造出強悍的假象。

《與神對話》有句話說得好：「當了解來時，譴責便走了。」當我們對人有越深的了解，就會有越多的諒解。

聽學生抱怨父母時，我會建議他們：如果你想對父母有更多了解，可以和他們談談他們的童年；若你耐心傾聽，就會發現，他們無理和僵化的模式是怎麼來的。

所以，你若真心愛一個人，想了解對方，就必須以好奇心替代怒氣，深入探究，對方為什麼會有這樣的言行？不要因對方的言語觸及你內心敏感處或弱點，就反擊回去。感情貴在體會對方的心情。如果你是懷有敵意的，你怎麼能夠去感同身受呢？

想著「他挺可憐」也就算了吧

寬恕的觀點就是將他人的言行看成是一個人脆弱和痛苦的表現。這樣的人需要的是同情，而不是報復。當然，這在一開始很難做到。

西方藏傳佛教老師艾倫・華勒斯（Alan Wallace）曾如是比喻：

想像你兩手抱著雜貨走在路上，突然有人冒失地跟你撞個滿懷，雜貨散落一地。你從蛋殼與蕃茄汁中起身，正打算破口大罵：「你這白痴，有毛病啊！瞎了眼嗎？」

但就在你說出口前，猛然發現撞你的人是個瞎子，他也被撞得東西散落四處，於是你的怒氣頓時煙消雲散，取而代之的是同理心的關切：「你受傷了嗎？需要我幫忙嗎？」

我們也是如此。當我們清楚領悟到，世上的衝突與悲慘乃源於無知時，通往慈悲之門就此打開。

當有人激怒你的時候，你就自問：「這個人以前受過什麼樣的對待，以致如此對待人？」

問過自己這個問題之後，想像一下這個惹你討厭的人是從小欠缺愛，還是曾受到什麼傷害，說不定這個人長期受到批評排擠，而你所見的正是他傷痛的表現。藉著把對方想像成可憐的人，你就會油然而生同情心。

詩人泰戈爾說：「理解就是愛。」一旦你完全理解，原以為的惡意也就可以釋懷。想著「他挺可憐」也就算了吧！

每個人都想被愛

如果你觀察你的每一個願望，就會發現最根本的願望只有一個，就是對愛的渴望。

人的每個行為後面的動機其實都在求愛。差別只在，有些人求愛的方式受歡迎，他們懂得如何讚美別人，為別人付出而獲得喜愛；有些人的方式很笨拙，他們常用生氣、抱怨、責怪的方式去索取愛，結果愛漸行漸遠。

我們常聽到愛人攻擊對方：「你只想到自己」、「你根本不在乎我」「你從沒愛過我」。想過嗎？如果只是單純的愛，為什麼會失望？為什麼會怨恨？為什麼最後都是以傷害做結束？愛是這樣嗎？

其實，我們最愛的是自己。人們不斷爭吵、控制、嫉妒、支配、占有，都是因內心恐懼：我怕你不理我，我怕你看輕我，我怕失去你，怕你不愛我……。每一次攻擊，都是愛的呼求。那就是為什麼當欠缺愛，失去愛，會由愛轉恨，從喜歡變厭惡。

其實你誰也不愛，你只愛自己

佛教有一個故事：有個國王娶了一位美麗的王妃，兩人非常恩愛。有一天國王來到佛陀跟前聽法，並開始練習內觀，王妃也是位修行者，兩人便一起內觀。

內觀結束後，國王問皇后：「在如此遼闊的世上，妳最愛的人是誰？」國王正期待著王妃回答：「是國王……。」但出乎意料，王妃卻回答：「這世界上恐怕再也找不到比我自己更令我心愛的了。」

國王聽了十分驚訝，他說：「我內觀的時候，同樣的問題也浮現出來，我發現其實除了自己，我誰也不愛。」於是他倆相偕去見佛陀，請教祂這個問題。

佛陀說：「說的好！說的好！這是走出痛苦的第一步，當一個人開始發現這個問題癥結所在，就可以走出問題，解決問題，否則一輩子都活在想像中，我愛我兒，我愛我妻，我愛我夫，我愛這，我愛那。其實你誰也不愛，你只愛自己，愛自己的欲望、希望與夢想。我愛這個人是因為我期待他能實現我的理想，一旦他的行為與態度與我所要的背道而馳，所有的愛就消失不見，所以我不是愛別人，而是愛自己。只要能認清這點，就很容易去除私念，就能夠走出以自我為中心的習性。」

無論面對的問題是什麼，解決的方法都是愛

我們都渴望被愛，我們必須瞭解到別人也一樣，別人也有同樣的需求，我

們之間並沒有什麼不同。沒有例外，我們都想要被體貼、瞭解、尊重、支持與關愛，只要了解這點，你就明白該怎麼做。

每當有人問我有關感情或關係問題，我都會建議他們問自己「如果是愛」這四字構成的句子：「如果是愛，我會怎麼說？」「如果是愛，我會怎麼決定？」「如果是愛，我會怎麼做？」

只要回到愛，那麼，正確的答案就會自動顯示出來。

我常引用朋友的例子：有天他下班回家，看到孩子把房子搞得一團亂，太太菜煮好了竟忘了煮飯。他整個火氣都上來，後來想到這「四字真言」，心情很快平靜下來，還利用煮飯的時間，把房子整理一番。

這就對了！愛，就是在別人的負擔中看到自己的責任。用你希望別人對待你的方式去對待別人，就是愛的表現。

一旦成全人們對愛的渴望，也將獲得渴望的愛。反之，只想被愛，而沒有能力愛人，最後連愛都會失去。

PART 6

快樂大半建築在人與人的關係上

朋友就是：一個不為任何理由而前來看望你的人，
一個把自己所做的不光彩的事說給你聽的人，
一個你喜歡他，乃是因為有他陪伴時，
你也會很喜歡自己的人。
——亨利．吳爾夫

損友一人多，好友少一人

人的一生都需要朋友相伴。

誰都知道，有真正的好朋友是人生一大樂事。讀書一起讀能集思廣益，有趣的事可以有人分享，難過可以陪著你度過，生病有人關心和照顧，落後時，會推你一把，開心時，他比你更開心。就像瑞典諺語所說：「與人分享的快樂是雙重的快樂，與人分擔的痛苦是減半的痛苦。」

誰也都知道，朋友對我們的性格和行為有很大的影響。交到好的朋友，就會跟他一樣的好，交到壞的朋友，就會跟他學壞。《幼學瓊林》上說：「與善人交，如入芝蘭之室，久而不聞其香；與惡人交，如入鮑魚之肆，久而不聞其臭。」朋友的性格也會逐漸變成自己的性格。我們應該謹慎擇友，擇他所在的圈子。

許多所謂的朋友，根本不是朋友

每個人身旁都有一個「圈子」，這圈內的人就是他所交往的人圍成的。玩音樂的圈子，往來多半也是玩音樂的人；跟愛賭的人交往，聚在一起就是賭；認識愛搬弄是非的人，圈內就是非不斷。如果你問年輕的受刑人第一次吸毒和犯罪跟誰在一起，答案總是千篇一律：「我和朋友在一起。」只需看一個人結交哪類的朋友，就大略知道他是什麼樣的人。

有人把自己的圈子搞得很大，整天忙於應付各種關係，表面交友廣闊，實則關係似有似無。

有人圈子越來越小，只接受永遠認同自己、配合自己、緊跟著自己的人，甚至把「不是圈內的人，都視為對立的人」，非但狹隘更容易磨擦。

你可能發現許多所謂的朋友，事實上根本不是朋友。他們並不樂見你超越他們。寧願看陌生人飛黃騰達，也不願看見你成功。只要你同他們一丘之貉，他們便附和你，一旦你出類拔萃，就會受到冷嘲熱諷。當你需要幫助的時候，他們跑得比誰都快。

藏族有句俗語：「損友一人多。」當真實的友誼已蕩然無存，就別對這種虛假的友誼依戀，因為只有放棄與小人為伍，才能騰出空間，讓更適合來往的貴人進入你的圈子。每一個新朋友都代表一個新天地，由於他們，我們才能打開新視野。那些傑出的人之所以傑出，不僅僅在於他自身能力的優秀，更在於圍繞在他周圍的一群傑出的人。

你如果需要朋友，就先成為別人的朋友

要如何交到朋友？

當你想結交時，朋友都不知在何方。當你敞開心胸，願意做別人的朋友時，朋友反而處處可尋。你毋須改變任何人，只須改變自己，別人自然會聚攏到你身旁。

不管你想交到什麼樣的朋友，很簡單，只要自己先成為這樣的朋友。要想交到知心朋友，先成為知心的人；要想交到夠意思的朋友，先成為夠意思的人，依此類推。

你的行為往往表現出你是哪一種朋友。試著評估自己，你是否喜歡一個像你自己的人成為你的朋友呢？你是否只想著別人能為你做什麼，卻吝於付出呢？你把朋友掛在嘴上，還是放在心上？你是錦上添花，還是雪中送炭？你真的有花時間關心他們嗎？許多人不懂朋友的深義，所以沒有真正的朋友。

文學家薩謬爾・巴特勒是個明白人，他說：「友誼好比金錢，賺錢容易存錢難。」

深以為然，重要的不是你有多少朋友，而是你是多少人的朋友。想過嗎？

這人是否值得交往？

每一個人的本質中都潛藏有善的因子和惡的因子，這些因子不一定會顯現出來，有些因子可能一輩子都沒被發現過，有些則在遇到了某人或事才顯現。

你或許聽過有些人跟某人交往後，好像變成另一個人，那是因為內在的善或惡被引發出來。

有一個朋友，每次跟他見面後，總覺得特別累，情緒變得低落。原先也納悶為什麼？後來我明白了，因為他開口閉口都是些負面的話，言論偏激，對生活抱怨不休，一直以來我都耐著性子聽他發牢騷，這就難怪。

跟著蜜蜂會找到花朵，跟著蒼蠅會找到廁所

當你和某人在一起或離開他們後，注意一下，你會覺得充滿希望，變得友善、感恩、正直、幸福、喜悅，那是因為你心中的善被引發。

而有些人就完全不同，當你和他們在一起或離開後，會覺得耗盡精力，變得怨懟、憤怒、煩躁、沮喪、邪惡，如果你有這樣的情況，勸你還是遠離，因為那人會引發你心中的惡。

如果同樣的情形發生在跟你在一起的人。一個原本溫和的人變得暴躁，歡樂的氣氛變凝重，和諧的家庭或團體變衝突不斷，你就該檢討了。

說一則故事：

有個公車司機，一天早上和太太吵嘴，帶了一肚子怒火和一張臭臉去上班，可想而知，這位老兄開車和上下乘客的服務都「火藥味十足」。

開車時踩油門跟踩煞車都讓乘客覺得十分不舒服，又不斷地超車、過站不停，上下車較慢的還要被他碎碎唸，車上的乘客個個敢怒不敢言。

過了不久，上來了兩位慈眉善目的女士，她們上車後也感覺到了司機先生今天的火氣不小喔，但她們臉上仍然帶著笑容。過了兩三站後她們要下車了，第一位女士微笑著跟司機說：「司機先生，謝謝你，辛苦你了！」第二位女士下車時也跟司機微笑說：「感謝你，辛苦了，再見！」

說也奇怪，兩位女士下車後，司機的臉上逐漸掃除了陰霾，火氣好像也被澆熄了，後來，竟然露出笑臉……。

我們一直持續地受到圍繞在我們身邊的人影響，靠近一個開朗的人，也會跟著開朗；常跟鬱悶的人相處，也會變得陰鬱。跟著蜜蜂會找到花朵，跟著蒼蠅會找到廁所。

常有學生問：「要如何知道某人是否值得交往？」

我說：很簡單，只要看和他在一起後，自己變成怎樣的人。如果變得更自信快樂就值得。再來，你可以看看你喜不喜歡和那個人在一起時的自己。如果你開始厭惡，變得自尊低落，情緒低落，就該考慮離開了。

批評不會帶來改變，讚美才會

我堅信沒有任何批評是建設性的。

在我認為，批評這個字本身就是個負面字眼。如果你對某人說：「你很差、你很遜、你白痴！」你認為他會變好嗎？不，永遠不會！因你對他的人格、自信，都直接的給予打擊，他不但不會改變，而且還可能向你反擊。因為你已傷了他的自尊。

把別人說得很糟，卻希望他變很好，這可能嗎？

證嚴法師說過：「脾氣、嘴巴不好，心地再好也不算好人。」金恩博士更明白指出：「一個人若能感覺到你內心的輕視，你對他便不可能有道德的說服力。」就像喋喋不休的妻子，嘀咕埋怨的丈夫，斥責怒罵的老闆和那些吹毛求疵的人。你會想聽他們的話嗎？

現在，換個方式試試。當有人犯錯時，改以同理心說：「你一定覺得很挫折吧！」「沒關係，下次小心點。」

有人遭遇困難時，告訴他們：「你能辦到！」「我支持你，我相信你一定能越來越好。」

聽到不利的流言，告訴朋友說：「我知道你不是那種人。」

對幫助你的人表達謝意，像是：「你準備的晚餐好豐盛。」「你真是會帶人，你是統籌這個方案的最佳人選！」

多去讚美勝利者，「真的很不簡單，我以你為榮。」「這件事做得太好了，你真是個天才！」

想想看，一個人在何種情況下比較可能受到感召？是感覺被你批判，還是受到你的鼓勵？世上沒有幾件事比積極的鼓勵更有力量，一個微笑、一句讚美、一段充滿激勵的話，更能鼓舞一個人。

說好話，等於在做好事

網路上有個笑話，一個每天要騎腳踏車送小孩上課的媽媽，有一次為了小孩的一句話興奮不已。原來，是小孩在上學途中，附在她耳邊說：「媽媽，你內向賢淑。」過了好多天，她才搞清楚，原來是小孩發音不清楚，把「逆向行駛」說成「內向賢淑」，但已經讓媽媽高興好幾天。

說好話，等於在做好事。不管你是父母、同學、同事、還是合夥人，你都應該時時刻刻想著你希望在對方身上看到的經驗和特質。《甘地傳》最重要的作者之一路易・費雪對於這位印度領導者鼓舞群眾的天才，提供了一個線索：「他拒絕去看別人的弱點，他通常照人們的願望而不是人們的現況來改變別人，好像在他們的身上只有優點而沒有缺點。」你只要去讚美，那個行為就會繼續出現。

你難道都沒發現嗎？當有人稱讚你的時候，你會表現得特別好，為什麼？因為那人覺得你很好，而你又不想讓他們失望，對不對？當你對別人讚美時也一樣。

所以，下回在你開始責罵或批評以前，請多想一下：「這對任何人有幫助嗎？說出來有什麼好處？可以改善目前的情況嗎？會讓大家感覺舒服一點嗎？可以強化我們的關係嗎？」沒有用的話，又何必說呢？

讓他喜歡自己，他就會喜歡你

有個母親正在和兒子談論他的女朋友。母親問：「她為什麼喜歡你？」

「那很簡單，」兒子回答，「她認為我英俊、能幹、聰明、風趣。」

「那你為什麼喜歡她呢？」

「我就是喜歡她認為我英俊、能幹、聰明、風趣。」

如果你覺得某人喜歡你，你也會回過頭喜歡他，人的情誼就是這麼來的。

每個人心中都有一種期待當重要人物的感覺，一旦有人讓他感受到這種優越，他就會喜歡你。

要使他人對你感興趣，先從自己對他感興趣

我認識一對好人緣的夫婦。記得剛認識湧川和聯珠時，我去他家的情形，真是如沐春風，他們是我所見過最有人緣的人。

凡是碰到他們的人，都會在與他們相處半小時之內，對他們產生好感。為什麼呢？他們既不是偶像名星，也不是富豪名流，更不是什麼溝通心理專家，到底有什麼吸引力呢？很簡單，就是待人誠懇，讓人感覺到他們真的喜歡、關心你。

他們藉由問問題，詢問對方的看法與想法，當個好聽眾，並想法子讓談話輕鬆有趣又對彼此有益。即使是陌生人，很快也能像老朋友一樣交談起來。

是英國首相迪斯雷利說的吧！「同人們談談他們自己，他們會願意聽上好幾個鐘頭。」真的，幾乎每次拜訪他們，我都超過原本預定離開的時間。

常有人問，聽人講話容易分心，或是老想到自己，怎麼辦？

最好的辦法，就是對別人感興趣。當你和人在一起的時候，全心全意地想著他的愛好，鼓勵他多談論自己，你會因此忘了自己。

不喜歡別人的人，自己也不討人喜歡

這世上每一個人都是自我主義者。你可以注意只要拿起一張團體照，無庸置疑，最先會注意的一定是自己。基本上每一個人最關注的就是自己，別人也是，這是大家首先要有的覺知。

不喜歡別人的人，自己也不討人喜歡。

有一個實驗，要一群學生在規定時間內，列出他們討厭的人的名字，時間到，每一個學生都列出不同數字的名字。結果發現，那些寫出最多「討厭的同學」名字的人，便是最多同學列名討厭的人。

至於只勉強寫出一個名字的學生，經調查結果顯示，他正是班上人際關係最好的人。

有位心理學家還列出一張人際關係自省表：

一、此人不在，萬事皆休。

二、此人在比較好。

三、此人在與不在都無關緊要。

四、此人不在比較好。

五、此人消失更好。

你的人緣處於第幾位呢？

世界上最孤獨的人，是那些不喜歡別人的人。不喜歡對方，要關心就很困難。若不先去關心他人，那些我們希望在關係中被肯定、被珍惜、被在乎、被重視的渴望與需要，都變得越來越渺茫。

相反的，當你去喜歡別人，問一些讓人感到優越和有興趣的事：「你怎麼能做得那麼好，有什麼秘訣呢？」或「你是怎麼教的，怎麼能教出這麼優秀的孩子？」一旦讓他喜歡自己，他就會喜歡你。

PART 7

人的價值，來自他對自己的評價

如果你認為你能做某件事或者不能做某件事，你都是對的。

——亨利．福特

自我形象，你就是你認爲的你

「我是個怎樣的人？」日常生活中，我們很少會去思考，當然也不太問自己：「我是誰？」大多數人都建立起一種自我形象，並相信那就是自己。

例如：「我很聰明」、「我很體貼」、「我是懦弱的」、「我沒用」、「我很沒耐心」、「我面對人群時容易緊張」、「我這個人就是這樣」……，不管你在「我」的後面加了什麼，這成了你的自我形象。

這形象怎麼來？是我們年幼的時候開始建立起來的。也許是因為曾經遭遇某些成功或失敗，也許是因為曾被讚美或誰責罵過，當我們相信「那就是我」，往後的一言一行就深受影響，就成了你現在的樣子。

自我形象是自己建構出來，當然也可以改變

如果你的自我形象是：「我很沒耐心」，那麼你做事情多半龍頭蛇尾，只有三分鐘熱度，你會說：「沒辦法，我本來就沒什麼耐心」；如果你認為自己是懦弱的人，就會表現的唯唯諾諾、怕東怕西；如果你相信「我很沒用」，那麼你就會不斷地證明自己一無是處。

我們心裡都有這一類對自己的看法，並且深受束縛。之所以深受束縛，是因為絕大多數人的自我形象都遠低於自身的可能性，更糟的是，當自我形象低落到一個地步，就很難相信自己能夠改變。

事實上，自我形象既然是自己建構出來，當然也可以改變。

在醫院，有位老先生是個老菸槍，因為輕微中風合併肺氣腫而住院治療。女兒一如往常，坐在他床邊苦勸他戒煙。他不但拒絕，還要她幫他買香菸。他說：「我這輩子注定就是個老菸槍。」幾天後，他再次輕微中風，這次顯然影

響到他腦部的記憶區。之後他便永久戒菸了——但並非出自他的決定。他只是某天早晨醒來後，忘記自己是個老菸槍了。

我們不必等到中風後才改變自我形象。不論你現在面對怎樣的難題，也不論是哪種負面的自我形象糾纏著你，你都可以徹底改變，轉換自我形象。

你將自己想成什麼樣子，就會變成那個樣子

以積極思考訓練聞名的濟格勒博士，有一次在紐約地下道裡，遇到一位賣鉛筆的乞丐。濟格勒和其他人一樣給了他一美元，卻沒有拿鉛筆。但是他走過去之後，又回過頭去跟乞丐說：「我剛才給你錢，所以你要給我鉛筆。」

乞丐給了鉛筆後，濟格勒就對他說：「你跟我一樣是事業家，你再也不是乞丐了。」

聽到這句話，這乞丐便開始想：「沒錯，我不是乞丐，我是賣鉛筆的事業

家。」從那一刻起，這個乞丐的自我形象改變了，甚至還產生了新的力量與勇氣。他不斷重複這句改變他命運的話。

日後這個乞丐真的成了一個實業家。於是他跑去找濟格勒博士，對他說：「你的一句話改變了我。因為其他人給了錢卻不拿鉛筆，我的自我形象一直是個乞丐。可是你拿了鉛筆，卻對我說：『你跟我一樣是事業家。』從此我的一生就完全改變了。」

許多人無法改變，真正的原因在於沒有可以改變的自我形象，不知道自我形象可以改變。

現在拿出一張小卡片，上頭寫著：「我是個怎樣的人」或是「我是誰？」然後將喜歡的自我形象寫下來。舉例如下：

自信、聰明、風趣、漂亮，有內涵、有能力、有氣度、有愛心，或是熱情開朗、信守諾言、光芒四射……。

將這張卡片放在桌前、床邊或在裝在皮夾裡。時時提醒自己，低聲重複唸。

記得有位女名星受訪時，她說：「當你是一個名星，人們就會把聰明、漂亮、多才多藝等字眼加在你身上。然後，你就真的變成他們眼中的那個樣子。」

新的形象就是這樣建立的，沒錯！

價值在自己心裡，不在別人嘴裡

假設水就是原本的你。將水倒入杯子裡，水可以被塑成任何形狀，但是水還是水，本質是不會改變的。

用兩個容器裝水，一個黃金做的，一個陶土做的。哪杯比較能解渴？兩者都一樣，因為水的本質沒變。

我要說的是「自我價值」，就跟這四個字所代表的意義完全相同。它不是來自外在的成就、表現，也不在於別人眼光和評價，你本來就是有價值的。不論外貌、成敗、得失，你的本質沒變。

失去自我價值的人，就像倒入杯子中的「水」一樣，以為杯子才是自己，而忘了自己是水的事實。當杯子變了，就找不到自己。

不要把自我價值，建立在別人的認定上

有個女孩，她很喜歡和同伴一起玩扮公主的遊戲，並希望有機會能讓她當一回公主。但是每一次，大家總是選擇另一位比她漂亮的女孩當公主，她只能當跟班之類的角色。

有一天，她沒像往常一樣出門玩，卻躲在屋裡發呆。她的母親察覺了，就問：「妳今天為什麼不和大家一起玩？」

小女孩悶悶不樂地回答：「那一點都不好玩，我永遠都做不成公主。」

母親聽了她的話，會心一笑：「那妳今天跟我一起整理花園好不好？」

小女孩點點頭，就與母親到了花園裡。她看到滿園的玫瑰、百合和紫丁香盛開得萬紫千紅，心裡也就舒坦了一些。

突然，母親指著面前的蒲公英，要求小女孩：「妳能不能幫我把這種雜草通通拔掉？我想我們園子只留下漂亮的花朵。」

小女孩盯著蒲公英，覺得那嫩黃的小花雖然沒有像玫瑰、百合和紫丁香嬌艷美麗，卻也別有一番風情。因此，她向母親抗議道：「蒲公英也很可愛，所有的花都一樣美麗。」

母親微微笑了，她蹲在女兒的面前說：「對啊，不是只有玫瑰花才美麗，如果妳夠仔細，就會看得到，每一種花都有自己的美麗。」母親繼續說道：「相同道理，不是只有公主才美麗，做不成公主不表示妳不美麗，而是妳的美麗還沒有被發現。」

小女孩嘟著嘴，含著淚說：「如果永遠都沒有人發現呢？」

母親再次指著眼前的蒲公英，問：「如果妳今天沒有發現這棵蒲公英的美，它就長得不美了嗎？」

小女孩回答：「不會，它還是一樣的！」

「那就對了！」母親摟住女兒，說：「不管他人有沒有發現妳的價值，妳的價值還是永遠在那裡啊！」

香花即使掉到地上，還是香的；鑽石遺落在沙土中，還是閃閃發亮；一千元的鈔票即使被搓揉、踐踏過，還是一千元。你的價價也一樣——是在自己的心裡，不在別人的嘴裡。如果你口袋裡有一千元，別人說你只有一百元，你口袋裡有多少錢？

看見自己價值，就沒有人可以輕易影響你。

自愛，接受自己的不完美

參加醫學會議，常要進行論文發表或專題演說，有時在會後與外國友人餐敘，以前我常感到緊張不安，因為我一直很不喜歡自己的英語口音，直到好友杜教授說了一句話：「就是因為有那個口音才是你嘛，何必介意！」

這話彷彿雷擊般把我打醒。沒錯，那就是我，不管有什麼缺點，那也是我。也許你是個平凡人，長得普通，沒什麼特別成就，還有不少缺陷，那又怎樣？接受自己的缺陷，自己能力的極限、接受自己的錯誤，你對自己的厭惡就會消失。

當你不那麼苛求自己，你的焦慮和壓力立刻會得到改善。全然接受真實的面貌，就會活得輕鬆自在。

既然有人喜歡你，何以你不喜歡自己？

有位學生跟我分享他的轉變：「曾經有很長一段時間，我不喜歡我自己。那陣子真的十分難挨，直到後來，我驚喜發現有些人確實是喜歡我的。我想，既然他們會喜歡我，為何我無法喜歡自己呢？開始時我只是那麼想想而已，但後來我試著喜歡自己，整個人也變得自信許多。」

這就對了。既然有人喜歡你，何以你不喜歡自己？如果連你都不喜歡自己，你又如何相信別人是真心喜歡你？

我想起一部喜劇電影《姐就是美》，女主角芮妮（艾米舒默飾演），她是名長相平平的胖女孩，缺乏安全感，討厭自己，唯一的願望是變漂亮。在一次意外撞傷了頭後，突然以為自己是絕世美女，變得超有自信。但其實芮妮的外貌與先前無異。由於認知變了，她的氣場也改變了，她變得勇於表現，而不再是畏畏縮縮的沒自信。

電影尾聲，芮妮隨著傷勢恢復，開始意識到自信魔法悄悄解除。然而她也醒悟，原來改變的並非外貌，而是不在乎旁人眼光，不在乎身材好壞的心態。

你是否曾在電視節目中看到一些大明星的回顧專輯或NG畫面？對照剛出道時的生澀模樣，簡直判若兩人。是什麼魔法改變了他們嗎？當然沒有。除了舞台磨練累積的經驗外，我想最重要的是「自信」。他們的自信來自於他們活出真實的自己，展現真正的個性，他們對外所展現的樣子就是真實的一面。

你和別人的不同，才造就了你，不是嗎？為什麼不大方地接受？

從現在起，告訴自己：「這就是我，不管我的缺點有多少，我都完全接納。」愛上自己的不完美，當你全然接納真實自己時，自然流露自信，變得有魅力。

PART 8

追求在哪裡，人生就在哪

當你選擇去做真正想做的事的那一刻，就是一個不樣的人生。

——富勒

有了目標，內心的力量才會找到方向

假如，我們在沒有選定旅行目的地的情況下，就買了機票登上飛機。這樣的糊塗事，大概不大可能發生。但在人生旅程中我們卻常犯這樣的錯誤。許多人都漫無目標的過著日子。結果當然可想而知，生活茫然空虛又渾渾噩噩。

你是否問過自己：這是我要的人生嗎？為什麼如此過？我想成為什麼樣的人？想擁有什麼樣的生活？希望有天能夠去做哪些事？我的目標是什麼？

有人說：「有目標的人在奔跑，沒目標的人在流浪，因為，不知道要去哪裡。」

我在學生時代就有很深刻的體會，每當第二天要早起趕第一班車，從來不曾失誤過，時間一到就會自動醒來。到了週末總是起的比平日晚，到了寒暑假甚至賴床不起，可見一旦失去目標，人馬上就會懶散下來。

沒有目標的活著，就像沒有目的地的旅行

你可曾感到驚訝：「為什麼他做得到？」不論是在學業、工作績效、以及各方面表現，我們身邊總是有些人特別積極進取，表現出類拔萃。因為「他們有目標」。

哈佛大學有一個關於目標對人生影響的調查，對象是一群智力、學歷、環境等條件都差不多的年輕人。歷經二十五年追蹤，結果發現：那些有明確目標的人，幾乎都成了專業人士、社會精英，或頂尖成功人士。

而沒有目標者，幾乎都沒有什麼特別的成績，他們分佈在社會的中下層面，有些生活過的很不如意，失業，靠社會救濟，並且常都在抱怨別人，抱怨

社會，抱怨世界。

你可能也問過這樣的問題：「為什麼他能如此？」有些人家境清寒，境遇不平順，卻可以樂觀開朗，活得很幸福。

因為「他們有目標」，要幸福快樂，生命一定要有熱情，要有熱情就必須有明確的目標，這目標是可以帶來快樂和有意義的生活的。

像新聞曾報導，有一位在做資源回收的阿婆，她的人生有個目標。她說：我雖然去撿瓶子、紙張、塑膠袋，僅管如此，我要憑我一己之力努力存錢，我要捐一部救護車。結果她辦到了。她一定很快樂，因為她有目標，她不會一天到晚自怨自艾。

反觀許多退休人士，有錢又清閒的人，一無所缺，為什麼還不快樂？就是人生沒目標。

不只是想要，而是「一定要」

要如何確立目標，以下幾點個人經驗供大家參考：

首先，目標一定要明確，越清楚越好。想減重的人設定的目標是「減去兩公斤」，要比「我一定要完成瘦身」更好，因為這樣可以對目標的達成有清楚的感覺。

再如，一個月成績增加三十分，年底前要完成一本書等等。目標就比如射箭場的「靶位」，在沒有靶位的射箭場練習射箭，不可能有好成績。

第二，一定是發自內心，動力才會出來。

有多少次被問到目標時，我們的回答是「這是爸媽想要我做的」、「這是老師、老闆交代的」。我們常忘了問最重要的問題：「我真的想要嗎？」如果不是自己真心想要完成的事情，通常缺乏熱情，不會全力以赴。

第三，目標難度高才能激發潛能。

目標合理但要具挑戰性，因為具挑戰性才能夠激發潛力，迫使我們跳出習慣框架，才有最好的表現，做到過去做不到的事情。

第四，強烈的決心——不只是想要，而是「一定要」。

如果你對目標沒有強烈欲望，充其量只是「想法」，那麼遇到困難、遭遇挫折的時候，很容易退縮放棄。

美國著名的石油大亨韓特，曾經在阿肯色州種棉花，搞得一敗塗地，後來變成世界上最有錢的人之一，有一次被人問到他成功的秘訣是什麼。

他說：「想成功只需兩件事，第一、看清楚你要的是什麼，而大多數人從來不知道要這麼做。第二、要有必須為成功付出代價的決心，然後想辦法付這個代價。」

沒錯，即使你的本質是老鷹，但是當你僅以一隻小雞的生存型態活著，你就無法蛻變為翱翔天際的老鷹。

快設定一個讓自己怦然心動的目標吧！

投資沒有人搶得去的資產

網路上讀到一則短文，深富啟發：

有兩個年輕鄉下人（甲，乙）一起挑水去城裡賣，一桶賣一元，一天可以挑二十桶。

有一天，甲：「我們每天挑水，現在可以挑二十桶，但等我們老了還可以一天挑二十桶嗎？我們為什麼不現在挖一條水管到城裡，這樣以後就不用這麼累了。」

乙：「可是如果我們把時間花去挖水管，我們一天就賺不到二十元了。」

所以乙不同意甲的想法，就繼續挑水，甲開始每天只挑十五桶，利用剩下的時間挖水管。

五年後，乙繼續挑水，但只能挑十九桶，可是甲挖通了水管，每天只要開水龍頭就可以賺錢了。

你想過五年、十年後在做什麼嗎？

我們一般人都像乙，每天把時間都花在「挑水」，為的只是要賺眼前的二十元。為什麼不能像甲一樣，挪出一點時間投資在自己的未來？

把現在的薪水，未來怎麼活，改成現在怎麼做，把未來薪水變活

在課堂上常有學生抱怨，現在外面的薪資很低，每天工作時間很長，賺不到什麼錢。我總是鼓勵這些學生，好好規畫五年、十年後的人生。

在變化迅速的現代，年輕人不要再想著靠一個工作養自己一輩子，應多方

面的充實自己，尤其是學生時期更應如此。學習另一種能力，另一種別人無法取代、各地都可以運用的能力。例如，靠著不斷進修，多考幾張證照，拓展國際視野，擁有更多專長，跨領域學習。

我認識一位學生報考了外貿協會國際企業人才培訓中心，課程結束後，主管就把他升職，薪水是原來的兩倍；還有他的朋友出國念書，回國後從本土企業跳槽到國際公司，薪水是之前的三倍。他們證明了：與其被動的等待老闆加薪，不如主動出擊，讓自己增值，老闆自然就會主動替你加薪。

常有人問：景氣混沌不明，該怎麼投資，效益最大？答案就是投資自己，沒有人搶得去你這項資產。

「從『現在的薪水，未來怎麼活』，改成『現在怎麼做，把未來薪水變活』。」這是我給社會新鮮人的建言。

不要太計較薪水多個二千塊還是少別人五百的，眼前的薪水相較於你日後的財富根本是蠅頭小利，你要計較的是未來的可能性。

寧可辛苦一陣子，絕對不要辛苦一輩子

許多人做事都只看眼前，沒想到未來可能得到更大的利益，也沒看到以後會有多大的損失，這就是為什麼一些人會失敗，一些人會成功。

有個大家熟知的故事：「兩個砍柴人」。一位年輕力壯，一位年紀很大，但老柴夫砍的樹木，總是比年輕的柴夫還多。

就算年輕的柴夫比他更早到森林、更晚離開森林，砍回來的柴都無法比老柴夫多。

在努力了好幾個月後，滿腹疑問的年輕柴夫終於忍不住了，他問老柴夫：「我比你早到、比你晚下山、比你年輕有力氣，為什麼我砍的木頭還是比你少？」

「年輕人啊！」老柴夫拍拍他的肩膀說：「很簡單，因為我每天回家後，都會磨利自己的斧頭，所以隔天斧頭還是很銳利，砍樹依舊很輕鬆。但是你卻只顧著花更多的時間砍樹，卻忘了把斧頭磨利，當然會越來越辛苦。」

想想看：

你是否一直在砍樹，卻忘了把斧頭磨利？

你是否一直在挑水，卻忘了挖水管？

你寧可辛苦一陣子，還是辛苦一輩子？

你若是不想讓自己總是後知後覺，那麼就從現在開始學習判斷趨勢，投資自己吧！

人生沒有錯誤這回事

人生是一連串選擇，不論我們如何決定，每個選擇都有利弊和代價，沒有哪個人能永遠不犯錯，我本身也不例外，甚至還錯得不少。然而我並不會因此而不下決定。如果想做什麼都不後悔，大概就沒幾件事可做的了。

錯了就錯了，下一次修正就好

有位年輕人問銀行總裁：「請問您是怎麼會有今天的成就？」

「五個字。」

「哪五個字？」

「正確的決定。」

年輕人好奇的追問：「您是怎麼做出正確的決定？」

「兩個字——經驗。」

「您又如何取得經驗呢？」

「五個字。」總裁不急不徐地回答：「錯誤的決定。」

成功的人也可能做過錯誤的決定。你問他：下錯決定怎麼辦？他會告訴你，錯了就錯了，下一次修正就好！

想一想飛機的例子，飛機雖有清楚目標。然而在長途的飛行時間裡，有九成以上都是偏離航道飛行的。可是，人們坐的飛機卻能絲毫不差地平穩到達目的地，怎麼辦到？

因為飛行員有預定目標，即使氣流會把飛機吹離航道，他們也未曾停下腳步，只是監控著儀器，與塔台聯絡，不斷修正調整，最後飛機總能抵達目的地。

這些道理很像人生，事情的發展往往並非我們所預期，經過一連串微調，不斷摸索，不斷修正，最終達成設定的目標。

人生不可能都是美好經驗，但你可以讓經驗變美好

蘋果公司的創辦人賈伯斯，是位眼光宏大、深富創造力的天才，他的成功被許多人傳頌著。不過他也曾如常人一般做過許多錯誤決策，犯的錯也不勝枚舉，但讓人感佩的是，他總能在多次失敗中再度站起來，檢視錯誤經驗，最後逆轉勝。

賈伯斯曾在對史丹佛畢業生的演講中提到，這個過程對他是重要的人生經驗，更是他人生最棒的遭遇，若沒有這段過程，大家看到的賈伯斯就不是現在的他了。

美國電視脫口秀主持人歐普拉．溫芙蕾（Oprah Gail Winfrey），受邀哈佛大學畢業演說時，也拿自己創辦有線頻道「歐普拉電視網」的挫敗經驗為例，現身說法。「如果你跟我一樣，不斷鞭策自己追求更高的目標，那麼，你一定會有摔跤的時候。」跌倒不算什麼，重點是否能重拾信心，捲土重來。

她說：「人生沒有『失敗』這回事，失敗的出現，其實是為了讓我們換另一個方向，再試試看。」

別忘了：成功源自於正確的決定，正確的決定源自於經驗，而經驗又源自於錯誤的決定。換句話說只要目標正確，剩下就只是時間與毅力。這一秒不放棄，下一秒就會有希望。

你，有一天也會明白，人生沒有錯誤這回事。

永遠把人放在第一位

人為什麼要工作？相信很多人會回答說：還不是為了「生計」嘛！工作為了賺錢，理論上並沒有錯！不過，賺錢不該是唯一的理由。如果工作為了賺錢，為什麼那些富豪還要工作？

人努力賺錢，所渴望擁有的不只是錢，而是價值，是在別人心目中的份量。如果別人因為你有錢，就敬重你的話，是否一旦沒錢，別人也就瞧不起你？

人們喜歡人格高尚、正直、慈善的人，並且尊敬他們。不論你這輩子賺多少錢，你還是得靠人格來贏得別人的尊敬。當你思考錢的問題時，不要忘了這一點。

讓你有價值的，不是你擁有的，而是你給予的

說一則故事：

有一群大學生即將畢業，某天在課堂空檔，大家七嘴八舌討論起未來的工作與出路。

老師沒有插話，只是沉默地在一旁聽著，卻越聽越憂心。因為學生們談話的內容，似乎只圍繞著一個字打轉——錢！

當討論告一段落時，老師站上講台，向大家宣佈：「我要問大家一個問題，答對的人，期末成績加二十分！」

一聽到「加分」，吱吱喳喳的學生頓時都安靜了下來。

老師清清喉嚨，提出了問題：「請問各位，二十年前的世界首富是誰？」

學生們都愣住了。「老師，怎麼可能有人記得二十年前的世界首富啊？」

「好吧，那我換一個問題。」接著老師又問：「十年前，對你最好的人是

誰呢？」

這麼一問，大夥兒都搶著回答，有人說是自己的父母、有人說是當時的老師，還有人說是鄰居的大姊姊……。

老師微笑地說：「這下你們應該明白，對所有的生命而言，究竟哪一種人有意義，會在你們心裡留下價值了。」

讓你有價值的，不是你擁有的，而是你給予的。

你想讓周遭的人過得更好，今天你要怎麼做？

表面上看來工作的性質與職位高低有千百種，但從本質思考，所有工作的意義都是相同的，藉著工作能達到的目的也是相同的，都是「為人」。

你為某些人服務能賺錢，你賺錢也是為了某些人，對嗎？

有位開工廠的老闆說得好：「我希望營業額上升，也希望員工的薪水能提升。我賺錢，他們也有錢賺，這是我的原則。如果我的產品銷售得很好，我的工廠就有效益，我的顧客就可以較合理的價錢享受我們的產品。如果我按時給原材料供貨商付款，對他們也有益。有了錢，我就可以讓家人過更好的生活，還可以拿出更多錢幫人……。」

沒錯，「賺錢就是在你把注意放在你能給別人多少，而非你能從別人身上賺到多少開始。」不以賺錢為最重要目標，只要把品質和服務做好，利潤會自動跟來。

試想，有兩個業務員，一個讓你感覺是想賺你的錢，另一個是想幫你服務的，你會選誰？

不管你從事什麼工作，別光想到賺錢，你要問自己：「你想讓周遭的人過得更好，今天你要怎麼做？」永遠要把人放在第一位。

PART 9

看見擁有，而不是沒有

我們很少去想自己擁有的東西，但卻念念不忘得不到的東西。

——德國哲學家　叔本華

滿足需要，不要理會想要的

當你口渴的時候，你需要喝水；肚子餓時，你需要食物；當你吃飽了，水喝夠了，這個需求就滿足了。但好多人並不是這樣，常常還想要更多。你說：「這甜點很好吃，我想再吃一點。」「這飲料很好喝，我想再喝一杯。」這「想要的」就是欲望。

什麼是需要，什麼是想要？

需要非常簡單，你需要什麼呢？食物、陽光、空氣、水，需要有衣服鞋子、需要休息睡覺，這些都是一些簡單的東西，需要很容易就被滿足。

但人們為什麼有那麼多不滿？因為大家還「想要」更多。比方，你的朋友買了新的手機，一支比你更炫的手機，你心裡的欲求就產生了，你也想要，即使並不需要，但你會不斷的去想。當你的同事換了車子，你也想換，或許你的車子還很好，或許你並沒有足夠的錢，但你會一想再想，想要那些不需要的。

欲望越少，滿足就越多

人們常會抱怨自己存不到錢，說是因為薪水太少，這只答對了一半。事實上，每個星期你只上五天班，卻有七天都在花錢。你的收入追不上你的花費，你想要的遠超過你的需要，情況就是這樣。

人們真的瘋了。他們不斷地滋長他們的欲求，這欲求可以是豪宅汽車、名牌包、今年最新款的衣服、鞋子、正要推出的新手機……許多人錢賺得越多，負擔反而越重。原因很簡單，當錢賺得越多，想要的東西就越多，想要越多，就必須去賺更多的錢來支付更多的開銷。

為什麼我們感到壓力和焦慮永無止盡？因為欲望永無止盡，因為沒有為自己的欲望設限。

蘇格拉底談到快樂時，排斥了物質欲望的滿足，因為那正像是將水倒入會漏的篩子，永遠裝不滿。

希臘大哲伊比鳩魯也說過：「如果你要使一個人快樂，別增添他的財富，而要減少他的欲望。」

要限制欲望，首先要思考幾個問題：自己需要的真的有那麼多嗎？為什麼你會認為自己應該要滿足於自己的欲望呢？

你必須弄清楚什麼是需要，什麼是想要

有一次，蘇格拉底突然心血來潮，想出去走走。一些學生於是慫恿老師去當時最熱鬧的市集逛逛。

「老師！那兒的衣服真多，無論綾羅綢緞樣樣都有，色彩也是五花八門……。」一位學生說道。

「老師，那兒的珠寶可真是琳瑯滿目，瑪瑙、翡翠、珍珠、玉器，要什麼有什麼……。」另一位學生說道。

「那兒的百貨用品才多呢！舉凡食、衣、住、行各方面，保證會讓你滿載而歸！」學生們七嘴八舌地說著。

第二天，蘇格拉底一進課堂，學生們立刻圍上來，爭相要他談此行的收穫。

「此行唯一的收穫，」只見蘇格拉底頓了頓說道：「就是發現：原來我並不需要這麼多東西。」

你必須弄清楚什麼是需要，什麼是想要。「需要」是生理層面的，來自身體；「想要」是心理層面的，來自欲望。

所以，在你開始想要一樣東西之前，請先想三次：「我是真的需要嗎？它們真的需要嗎？我真的需要它們嗎？」如果你只是想要而不是真正需要，那就把它忘掉吧！

西諺云：「依需要而活，很少人覺得窮；依想要而活，很少人覺得富足。」試想，當你整天都想著欠缺的，內心又怎麼滿足？當內心不滿，又怎麼可能對眼前的生活滿意？

沒成功沒關係，但是一定要成長

「人可以不成功，但是不能不成長。」這話我在課堂上曾一再提到，因為成功可能只是曇花一現，但是成長是一個持續的過程；成功很大程度上依靠外在和別人對你的評價，但成長是內在的，全依靠自己；就算有人阻礙你的成功，也沒人能阻止你的成長。

一般人看重成功而非成長，往往懼怕犯錯，不願接受挑戰，無法將自身潛力發展到最大。反之，若能以成長的心態，不問「得到什麼」，而是問「學到什麼」，結果將完全不同。

人生不是得到，就是學到

兒子小時候對唸書沒興趣，上學成了苦差事。於是，我給他一個觀念，重點在學習態度，不必在意分數。此後讀書有了新的意義，不再只是要爭取高分以證明自己聰明，或得到肯定，而是有沒有學到東西。在轉向成長心態後，他不但變得自信開朗，上學也變快樂。

想起有個朋友是做業務代表，每次只要沒談成任何生意，沒有得到佣金，從臉上表情一眼就可以看出來。「浪費那麼多時間，結果什麼也沒得到。」他總這麼抱怨。

「你應該改變心態，」我建議他：「如果你只看重是否成交來衡量成敗，認為努力的目的是作成生意、賺到錢，你一定常患得患失、心情低落。但是，如果你用是否成長來衡量，認為你的目標是學習，那麼，就算沒得到物質回報，至少你學到更可貴的東西——那就是成長。」

是的，「人生不是得到，就是學到。」無論處境多麼令人不快，我們都可以從中學到一些東西。當你有這種意識之後，即使生意沒談成，考試沒考好，事情沒做對，關係搞砸了，你會學到成長，學到以後如何做的更好，或者變成更好的人。

重要的是，學習如何把絆腳石變成墊腳石

美國太空總署（NASA）就是這麼認為。他們在甄選太空人時，會淘汰過去一帆風順的人，受過重挫但能東山再起者反而受到青睞。

我在挑選儲備幹部也是以「成長潛能」為基準。從看一個人如何面對失敗，其實，最容易看出他在未來有多大機會可以成功。

環顧古今成大事業者，總是要經過多番的跌倒再起；國際企業如SONY、戴爾、通用、福特等，也都面臨過大挫敗。

這也是為什麼「失敗學」會成為當今顯學。

從學習的觀點來看，根本沒有所謂的失敗。你可以回想一下，過去某個時刻，發生過讓你挫敗的事。現在，當你以更年長、更成熟的眼光回顧，是否發現自己從中學到什麼？可能你由那裡學到最多；也許因為那個經驗，你才會改變，才有所領悟，才生出智慧，不是嗎？

所以，當一件事情發生時，不要用得失、好壞、對錯、成敗去評論，也不要抱憾。在人生的道路上，處處都充滿著絆腳石。重要的是，學習如何把絆腳石變成墊腳石。

切記，事情沒成功沒關係，但是一定要成長。

快樂不是去「追求」，而是要去「覺知」

很多人有錯誤的觀念，認為要「追求」快樂，那是一種錯誤的觀念，因為快樂不是你追求的東西，而是你已經擁有的東西。

每個人內心都渴望快樂，於是我們創造出條件，認為要怎樣才能快樂：「假如我得到某樣東西，我就快樂……；假如做到某件事，我便快樂……；假如找到工作、我通過考試、買到車、和某人在一起，我便快樂滿足……。」真的是這樣嗎？

回想一下，在你一生當中有多少次已遂你所願！如果說話算數的話，你早該快樂了，不是嗎？你想買到的東西，你買到了，你想做的事，你也做了；你喜歡那個人，你們也在一起了。在生活中，你已經一次又一次得到想要的東西，為什麼仍不快樂？

真正快樂的人，即使一無所有他仍是快樂的

沒有人告訴你說快樂和這些無關，快樂不是在外在，而是在自己的內心。如果你不快樂，待在什麼地方都不會快樂的。有錢可以買好車、住豪宅，但是坐在車裡、住在豪宅的還是同樣的你。物質可以改變生活，但不會改變你。這個世界有太多坐擁豪宅名車、財產成千上億，擁有高學歷、地位卻成天悶悶不樂的人，不是嗎？

人們一直向外尋找，那是搞錯了方向，快樂是在你自己身上。

你見過小孩毫無理由地就很快樂嗎？他們沒有金銀珠寶，沒有名牌服飾，

沒有升官發財，他們甚至什麼都不是，卻笑逐顏開。

到一些落後國家時，我不斷看見一些人，他們充其量只能算比饑餓稍微好一點，可是他們的生活充滿了歡笑、歌舞，並慶幸他們所擁有的一切。

在醫院我也看到許多身患重症，四肢不全的人微笑面對生命。反觀那些物質充裕，四肢健全的人，卻時常愁眉不展，抱怨連連。為什麼？

因為他們給「快樂」附加了太多的條件，以致變得不快樂。

快樂就在當下，好好用心感受吧

林肯說：「樂由心生。」快樂就在你內心，不論你去到哪裡。沒錯，當你出門，快樂跟你一起出門；當你上班、上課，快樂也跟著你；當你睡著了，快樂跟你在一起；當你挫折失意，快樂依舊在你內心……。不論你做什麼，每一個地方快樂都與你同在。

比利時劇作家莫里斯・梅特林克，在他獲得諾貝爾文學獎的名劇「青鳥」中，描述吉吉兒和米吉兒兄妹倆如何地四處尋找理想中的青鳥，而找遍所有的森林後，才發現他們所飼養的那隻藍背的小鳥——就是青鳥。

那些到處尋找快樂的人，是把快樂遺忘的人。快樂不是去「追求」，而是要去「覺知」。當我們一邊著踩著腳踏車，一邊吹著涼風時，這就是快樂，而不是一邊踩著腳踏車，還在尋找快樂在哪裡。

詩人詹姆士・歐本海默說得對：「愚蠢的人向遠方尋找快樂，聰明的人在腳下栽種它。」

不要眼中老望著下個山頭，而沒有時間停下來好好欣賞自己攀登過的這座山。快樂就在當下，好好用心感受吧！

你必須記得的是，你已經夠幸福了

要怎麼做才能得到幸福？你問。

你原本已經是幸福的，你要做的就是認知這一點。

但，為什麼我都感覺不到？

因為你已經習慣，所以感覺不到。

真的沒什麼好抱怨，也沒有資格抱怨

人如果沒有感受到幸福，就表示我們對自己所擁有的一切缺乏感激的心。

當心駐留在自己欠缺的事物上頭時，我們永遠覺得自己是不足的。因此，不滿遍布於生活中的每個層面：我的身材不好、父母管太多、伴侶不夠體貼、房子太小、冷氣不夠冷、菜怎麼那麼難吃⋯⋯。

你知道嗎？就在你抱怨菜不好吃的同時，就在這短短的二秒，世上就有一個小孩死於饑餓；光是中非共和國國內有就有上百萬人因戰亂流離失所。能有飯吃，有房子住，家人能在一起，已是非常幸福的事。

一行禪師曾有感而發的說，在梅村那邊，餐前會由一個小孩讀偈。他手捧著一碗米飯，然後這麼說：「今天桌上擺了媽媽做的豐富佳餚。在座還有我的爸爸、我的兄弟姐妹，真好！大家歡聚一堂一起享用，而此刻還有許多人正在挨餓，我萬分感激。」

還能吃，甚至只要能哭笑，都應該感恩，因為並非每個人都那麼幸運。

我曾到過療養院，院中很多是重度腦性麻痺的病人，一輩子只能躺在病房上度過。他們不能說話、不能移動身體，就連吃飯，也只能靠鼻胃管灌入流質的食物。也見過許多不能言語及哭笑的植物人，一輩子就只能望著病床上的白色天花板；還有更多的人，在死亡邊緣徘徊。他們氣數已盡，也許呼吸不到下一口氣。

我們已經夠幸福了。真的沒有什麼好抱怨，也沒有資格抱怨。

不要為你所沒有的抱怨，要感激你所擁有的

我常要求班上的同學寫感恩日記，每個人每天花點時間，寫上讓自己感恩的人、事、物，以及把今天碰到的好事寫下來。

如果一開始不知道要如何寫，可以用「我要感謝……」做開頭。例如：我要感謝我的哥哥，因為我哥在我跌倒的時候，不但帶我回家，還幫我換藥，我要謝謝他；我要感謝同學教我課業；我要感謝媽媽幫我清理房間……。

事情無論大小，只要認為值得感恩，就在當天臨睡前把它們一一記下。

當你感恩時，你就感受到美好的、值得讚賞的人事物，你就不會把每件事視為理所當然，你就會看自己所擁有的，於是幸福感就會油然而生，這就是感恩的力量。

這些年你是否發現自己的喜樂越來越少，這並不是因為你缺少什麼，而是你忘了去感恩。試想，若是有人送你一朵花，但你心中卻想著：「真小氣，為什麼不送一束花。」你會覺得幸福嗎？

每當有人問我如何改善心情，解除不快的念頭。我都會建議，每天都問自己這個問題：「有什麼是值得我感激的？」

心裡多一分感恩，生活便少了一分抱怨，多了一分珍惜，也就多了一分幸福。沒錯，不要為你所沒有的抱怨，要感激你所擁有的。

PART 10

人生主導權在你手上

大多數人想改造這個世界，但卻罕有人想改造自己。

——俄國小說家、思想家　托爾斯泰

抱怨不如改變

常有人問我問題：

「我個性太害羞內向，要怎麼改善？」

「我因為失業，很憂鬱，對自己沒信心。該怎麼做？」

「我和他在一起兩年，每次都為同樣的事吵架。」

「我想減肥，又克制不了美食。」

「我缺乏鬥志，一直提不起勁，怎麼辦？」

「我的老闆很差勁，實在很受不了。」

你的身旁或許也充斥著這樣的聲音。但問問題的人是否誠實的思考：我真的不想再這樣下去嗎？

我認識一位朋友，他成天抱怨公司和老闆，滿腹牢騷卻無力改變，一直說要辭要辭卻一直不走，十年來他抱怨的事依舊，唯一變的是頭頂越來越禿。

有些事現在不做，以後也不會做了

說來你會驚訝，不過我真的見過太多這樣的事，不管是工作、生活、或是關係，人們明知道「原地踏步」走不出僵局，但他們仍選擇維持現狀。

許多人寧可屈就不滿意的工作，也不願嘗試新的挑戰；寧可遺憾後悔，也不願去做自己害怕的事；寧可繼續痛苦掙扎，也不願離開難以忍受的關係；寧可蟄伏在熟悉的牢籠，也不願迎向未知的天空。

說一則故事：有一個男子經過一戶人家，看到門前有一個老婦人坐在搖椅上，邊搖邊看報紙，她旁邊有一條狗，躺在地上表情痛苦地呻吟。這個男子經過時，心裡想著，不知道這條狗為什麼哀叫。

第二天，他又經過這戶人家，看到這婦人還是一樣坐在搖椅上，而那條狗也還是躺在地上，發出同樣痛苦的聲音。他滿心疑惑。

第三天，他又看到了同樣的畫面，他再也按捺不住了。

「不好意思，這位太太，」他對著老婦人喊：「你們的狗怎麼了？」

「你說牠啊！」她說：「牠正躺在一根釘子上。」

這答案讓他不解，於是問：「牠若躺在釘子上，釘子又讓牠痛苦，牠幹嘛不站起來呢？」

老太太笑了，說：「傻小子，那點痛只夠讓牠呻吟，卻還不夠要牠起身走開。」

你是否一直抱怨著某狀況，卻沒有採取行動去改變？

你必須先放棄「沒望的」，才可能擁有「希望的」

有位學生提問：我和男友已經交往半年了，我對他付出很多，但他對我卻很冷淡，而且在很多地方上我漸漸發現他很不成熟，沒耐心，情緒陰晴不定，說話不負責任，我一再給他機會，希望他能改，但我發現他沒辦法改……。

「那妳為什麼不跟他分手？」我突然丟出這句話打斷了她的抱怨。她先是愣了一下，然後支支吾吾的說：可是我不想失去他……。

所以重點是，「你真的不想再這樣下去嗎？」現在誠實回答這些問題。

你本來就是自由的，事實上，你是完全自由的，並沒有任何枷鎖把你綑綁住，是你自己緊抓著枷鎖不放，這才是問題所在。

你並非無路可走，而是你不願走出去。

一名年輕女孩問一位很有智慧的老婆婆說：「怎樣才能變成蝴蝶？」

老婆婆眨了眨眼睛，微笑說：「你必須要有『飛』的志向，而且願意放棄你的毛毛蟲生命。」

抱怨不如改變。是的，你必須先放棄「沒望的」人生，然後才可能擁有「希望的」人生。

想要明天有不一樣的自己，從現在就下決心改變吧！

老說別人造成，結果毀了自己

有一天，老蔡和他老婆在半夜裡回到家。他們發現家裡被闖空門，他老婆看到這副景象開始大哭大叫，她對老蔡說：「都是你的錯，你為什麼在離家前沒有檢查門窗有沒有鎖好？」

沒多久鄰居也都湊過去圍觀，大家在議論紛紛老蔡家被闖空門的事。

一位鄰居說：「你家的窗是開的，你出門前怎麼沒注意到？」

第二位鄰居說：「你的鎖已經舊了，隨便都可以打開，為什麼你不換新的鎖？」

第三個鄰居說：「現在小偷很猖獗，到處都有人被偷，你實在也太粗心了！」

大家都把錯怪到老蔡身上。於是他說：「等一等！我並沒有錯。」圍觀的鄰居異口同聲說：「如果不是你的錯，那是誰的錯？」

老蔡說：「難道小偷都沒有錯嗎？」

就算小偷有錯，但該負責的人還是你。因為如果問題出在別人身上，你有什麼辦法呢？

只會一味抱怨，什麼都學不到

有個同事住家遭小偷，不過他認為會被闖空門，一定是因為自己有疏忽的地方。他當天就去訂製了有著堅實鎖扣的新大門，又請師父來加高圍牆，並且向市府申請設置街燈。另外，自此他在夜裡都會留一間房間不熄燈，外出時也會把收音機打開。從此以後，再也沒有遭過小偷。

反觀隔壁鄰居，除了怪小偷外，自己什麼都沒做。果然不久又遭小偷。

力量由負起責任而生。想想看，當你把一切錯誤和罪責歸咎別人，結果會不一樣嗎？有嗎？很難，除非你先負起責任，並採取一些行動來改變。

理專向我推薦一支股票，結果大跌，我對他頗有微詞。後來自省：「沒有人強迫我，是我決定要買。」

直到我負責任後，才開始正視問題。我學到什麼呢？

我學到投資之前必須先做好功課，而非盲從聽信別人；我學到高報酬肯定伴隨著高風險；我學到評估風險，設定停損；我學到未來無法預測，報酬需要等待。如果我只是一味抱怨，就什麼都學不到。

把指向別人的手轉過來指向自己

有個年輕人出生在富裕家庭，但他的父母都忙著工作，從小沒有太多時間陪伴他。漸漸地，年輕人交了許多壞朋友，一天到晚跟著狐群狗黨賭博、吸毒，幾度進出少年觀護所。

父母對他傷透腦筋，但年輕人卻還是我行我素。最後，無可奈何的父母為了迫使他與壞朋友斷絕聯繫，只好逼他暫時住進一座深山的教堂裡。

但是，這年輕人心裡始終有太多埋怨，認為都是父母、朋友害了自己。他不願意靜下來檢討，也拒絕參與教堂的任何活動。

有一天，年輕人正在用餐，身旁卻有許多惱人的小蟲飛來飛去。於是，年輕人向神父抱怨：「餐廳裡有好多果蠅亂飛，我根本吃不下飯。」

神父聽了，告訴他：「這很簡單！我來教你做一個能捕捉果蠅的小陷阱，問題就可以解決了。」

只見神父拿了一個紙杯，在杯子裡放了一小塊水果，再拿一張衛生紙包住杯口，最後在衛生紙上戳了幾個小洞。完成後，神父滿意地說：「這麼一來，果蠅就會自投羅網了！」

年輕人不太相信這麼簡單就能捉到果蠅，但一個下午過去了，他掀開衛生紙一看，杯中的水果上，果真停滿了果蠅。

年輕人嘖嘖稱奇地說：「真沒想到如此簡單的陷阱，居然這麼有用！」

神父接口：「都是杯子裡的水果不好，它們實在太香甜了！」

年輕人聽到神父的話，忍不住笑了：「這怎麼能怪水果呢？明明是果蠅自己太笨了！牠們懂得鑽進杯子裡，為什麼就不懂得鑽出去呢？」

「你自己不也是一樣嗎？」神父微笑地說：「你只會抱怨環境害了你，自己卻又陷溺其中，不願離開啊！」

這番話讓年輕人陷入沉思，從此洗心革面。

老說別人造成，結果毀了自己。如果你想從別人那裡要回自己的力量，先把指向別人的手轉過來指向自己吧！

過去不等於未來

在《一分鐘寓言》裡，讀到一則很有意思的寓言。

毛毛蟲長成了漂亮的蝴蝶。草叢裡的動物，都跑來欣賞牠美麗的翅膀。

「好像撲上一層金粉一樣，真是美麗啊！」小蚱蜢說。

「好像用彩虹的碎片做成的衣服，真令人羨慕啊！」小蜻蜓說。

「好像是跳舞時穿的彩色衣服，要是我能有一件，那該有多好！」愛繞著花朵跳舞的蜜蜂羨慕地說。

就連漂亮的金龜子也羨慕極了，牠說：「你們看！牠的衣服有多美麗的圖案！這些圖案在太陽下，發出多麼迷人的光芒！」

一隻既羨慕又嫉妒的霸王蛾說話了，牠說：「你們怎麼讚美起這東西來了？你們知道牠的過去有多不光彩嗎？過去牠可是一隻既醜陋又可怕的毛毛蟲。」

停了一下，霸王蛾看大家都沒有反應，便繼續說：

「千萬不要忘了牠可怕的過去啊！」

大家望了霸王蛾一眼，說：「那麼，我們可以請教你，不知道你的過去是什麼？現在又是什麼？難道我們應該要讚美你這個既醜陋，嫉妒心又強的傢伙嗎？」

霸王蛾走了以後，動物們望著牠的背影，說：「儘管你有不光榮的過去，但只要你現在心地善良，誰又在乎那些過去呢？」

過去不能決定未來，只有現在能夠決定未來

人，誰沒有過去？

有一位黑人女性，出生在種族歧視很嚴重的密西西比州，母親是一個黑人未婚少女。她的童年很艱難，六歲以前，由祖母在鄉下撫養。在她九歲的時候，遭到了性侵。十四歲時，被媽媽送進少年感化院。二十歲時還吸過毒。而今，她不單是節目主持人和企業家，她成立的哈潑媒體集團，除了脫口秀，還做電影，每年賺進超過二億美元。她甚至被選為全美國最有影響力的名人，凌駕美國總統之上。她就是——歐普拉．溫芙蕾。

是的，「過去不等於未來」。

一個人從小學到大學，成績都很差，就沒指望了嗎？不，因為過去不等於未來！

一個人年近半百還一事無成，就大勢已去了嗎？不，因為過去不等於未來！

一個人誤入歧途，甚至被判刑下獄，就永不翻身了嗎？不，因為過去不等於未來！

聽聽這則故事：有兩個人因偷羊被捕，得到的懲罰是在他們兩人的前額烙上兩個英文字ST，是「偷羊賊」（Sheep Thief）的縮寫，然後放了他們。

其中一人受不了這種羞辱，就躲藏到異邦，可是碰到的陌生人，仍舊不停地問他這兩個字母究竟是什麼意思？他的心頭不得安寧，痛苦不堪，終於抑鬱而終。

另一個人說：「我雖無法逃避偷過羊的事實，但我仍舊要留在這裡，贏回鄰居對我的尊敬。」

一年一年過去，他重新又建立起正直的聲譽。

有一天，有個陌生人看到這老年人頭上有兩個字母，就問當地人，這究竟是什麼意思。

那個鄉下人說：「他的額上有兩個字母，已經是多年以前的事了，我也忘了這件事的細節。不過我想那兩個字母是『聖徒』（Saint）的縮寫。」

過去的事情就讓它過去，永遠活不出嶄新的未來才是最糟的事。過去不能決定未來，只有現在能夠決定未來。

你有選擇的自由

今天，我們常談到自由。它是我們與生俱來的權利，也沒有人可從我們手中拿走，只是大家很少去運用，有些人甚至已經遺忘。這個自由是什麼？那就是我們永遠都有選擇的自由。

從早晨起床的那一刻起，我們都有權利去選擇自己要怎麼過。你可以展露笑臉，也可以繃著臉。你可以讓它變成痛苦的一天，也可以讓它成為美好的一天，完全由你決定。

自由是知道你擁有自己的人生，你是負責人

「但是這不是真的。」你可能會想：「我有一堆煩人的事，上課好無聊、小孩不聽話，難搞的客戶、翻黑的股票、無能的政府、糟透的交通……。這些事情都不是我可以決定的。」你說的沒錯。你生命裡出現的事情，並不是全部取決於你。你無法控制外在環境和別人，可是你永遠能自由選擇自己的反應。

你今天運氣很背，出門塞車遲到，拜訪幾個客戶都被拒絕，開會又被主管訓了一頓，當你回到家，如果有人問你今天過得好不好，你怎麼回答？

「倒楣、糟透了！」

那你現在的心情呢？沒有必要也是「倒楣、糟透了！」吧！

你雖無法控制道路狀況，客戶的反應和主管的行為，卻可以決定要如何反應。當下班回到家，你可以選擇放鬆心情，散散步、打個球、喝咖啡、聽音樂，或是約朋友去賞夜景、吹吹風。

一旦知道你有選擇的自由，你就要為自己負責。如果你想悶悶不樂，那是你的選擇，別抱怨，如果你想繼續痛苦，那也是你自己的決定。

有一位病人，他原是某公司的老闆，領導和決策能力都很強。後來罹患了帕金森氏症，當病情嚴重到必須仰賴別人照顧時，他覺得再也沒有活下去的意義。家人一再勸他別想太多，但他卻想一了百了。

我告訴他：「如果你想死，誰也無法阻止。但我覺得真正讓你感到困擾的是你失去選擇的能力，你有沒有想過，你可以選擇懦弱，也可以選擇堅強；你可以選擇放棄，也可以選擇承擔；你可以選擇悲苦，也可以選擇喜樂。」

既然你是完全自由的，為什麼要選擇不快樂？

常有人問我：為什麼我常感到不快樂？你能幫我解除嗎？

我說：答案就在你的問題裡頭，你不想為自己的生命負責，反倒認為那是別人該做的，這是你不快樂的主要原因。

出現在我們生命裡的人，不會凡事都順你的心，他們會說自己想說的話，做他們想做的事。我們常忘記，自己的快樂並不是由他人的言行來決定，而是由我們對他人的反應來決定。別人對你的反應，也是他們的自由。你不需要改變別人，但你能改變你對他們的反應。

發生在我們身上的事，也不會盡如人意。當你遇到挫折，總是以抱怨或生氣來反應。你也能選擇以樂觀正面的態度，藉著新的反應方式，你就能夠恢復自由。

生命的不同不僅僅是由各種事件交織而成，我們回應生命的獨特方式，才真正決定了我們的人生。

想過嗎？既然你是完全自由的，為什麼要選擇不快樂？

PART 11

預測未來最好的方式就是創造它

I think it. 我思索它。

I imagine it. 我想像它。

I believe it. 我相信它。

I live in it. 我成就它。

——摘自「瑜珈語」

相信，就會成眞

「這是真的嗎？」這個問題有兩種答案：「是」或「不是」。如果你相信它是真的，那就是真的；如果你相信不是真的，它就不是真的。

「我可以辦到嗎？」答案是：如果相信你能，你就能辦到；如果認為你不行，就真的不行。

「你相信有真愛嗎？」答案是：不管你「信」或「不信」，結果會跟你想的一樣。認為有真愛的人，就會真心的去愛，很可能得到真愛。認為沒真愛的人，本來就對愛懷疑，所以永遠也得不到，就算得到了，也不會相信那是真的。

或許你已經知道了，這就是自我實現預言。

無論你相信什麼，只要深信不疑，就會成真

想像你剛認識的朋友吧！

如果你認為他是個友善且真誠的人，你對他就會友善真誠。然後他也以同樣態度回應你，而他的友善與真誠又應驗你最初的預設。

反過來，假如你認為對方是個冷漠高傲的人，就會比較拘謹嚴肅，敬而遠之，並認定對方難相處。

這種現象在學校經常看到。老師的期許往往成為孩子的預期。被分到「後段班」的學生常有低成就的傾向，因為學生們知道老師對他們的期望不高，加上自己又在「後段班」裡，形同自我放棄，進而影響他們各方面的表現。若是老師多去表達：「我相信你能辦得到，同時我會給你所需的輔導。」孩子便會覺得受到鼓勵支持而有截然不同的表現。

自我實現預言，也叫自我驗證。好的預言往往帶來好的結果，好的結果又

強化了原先的樂觀預期。相反，壞的預言往往導致壞的結果，而壞的結果又證明了原先的悲觀預期果然正確。

使一件事情發生的最好方法，就是預測它會發生

我聽說，有個男子經營一家餐廳，由於物美價廉，加上男子把餐廳內外布置得非常美觀，還雇用專人負責打掃清潔，因此餐廳生意一直很好。

有一天，男子突然在報紙上讀到一則報導：報導指出，最近全球都面臨經濟不景氣，尤其越是基層的產業，遭受的衝擊越大。以某都市為例，短短半年，就有三分之一的餐廳歇業。

老闆看到這裡，心中也不由得緊張起來，心想：「雖然最近餐廳的客人沒減少，但我還是要『未雨綢繆』，先精簡餐廳的開支才好！」

可是，該從哪裡開始呢？老闆心想，簡餐的排骨縮小一點、紅燒牛腩也少

一點吧！每一樣東西的價錢都提高一點，這樣我就可以賺更多了……。最後，老闆索性辭退清潔人員，心想「自己來打掃，經濟又實惠」。但他一個人要忙點餐、出菜，還要忙廚房，根本沒時間整理環境，所以餐廳也越來越髒。

半年之後，原本生意興隆的餐廳，變得門可羅雀。這名老闆還得意地想：「幸好我有為不景氣事先做準備，否則我的虧損一定更大！」

哲學家塞尼加這麼說：「可悲與愚蠢之甚，莫過於期待不幸降臨，厄運未至便先等候，無異狂人行徑。」

美國經濟蕭條時曾經發生過這樣的事。坊間謠傳某家銀行要倒了，快領不出錢了，聽到這消息的人全部一窩蜂跑到銀行去擠兌。結果銀行的現金一下被提光，這家銀行果然倒了。

倒楣的最大前兆就是預測快倒楣。如果你老將事情往壞處想，你很可能成為預言家。

信念，相信自己行

談到成功，首要就是自信，而自信首要則是有成功的信念，這是我的觀察。人們無法成功的最大原因，並不是因為他們不能或做不到，而是因為他們缺乏自信，不相信自己的價值與能力，這跟個人的信念息息相關。

我們常可以見到，那些自信的人勇往直前地達成了傑出的成就。在他們成功之前，有誰會相信他們能夠做的到呢?他們不比其他人具備更大才能，甚至還有不如之處，然而他們有卓越的自信心。

而很多人懷抱著才能，卻被限制的信念侷限住了，他們對自己滿懷疑慮，裹足不前，以致一事無成。

信念就是我們的心靈程式

信念是什麼？

信念是一個人對自己的、對世界的看法。

像是你會聽到有人這樣說：「我從出生就注定不幸。」「一碰到數字我就頭痛。」「這個社會就是人吃人。」「我的身體很弱，一向如此。」「有錢人都很勢利。」「窮人永遠無法翻身。」「我永遠無法做我想做的事。」「大家都不喜歡我。」「我運氣總不好。」

一旦你接受了某個信念，往往會把它當成聖旨般奉行。

心理學家艾里斯，曾提出認知心理學理論，他發現信念是人的思想根源。如果一個人的信念較理性、不自我設限，他的思想就會具建設性，且展現積極進取。反之，則會導致負面的感覺和消極的行為。

看看你現在的生活。你不快樂、不健康、不和諧嗎？老覺得自己不夠好，懷才不遇，無法突破現狀嗎？或是一再遇到某些問題？你的人生正是自己信念下最直接的結果。

想要人生有所改變，先要改變阻止你改變的信念

每當我問人：「你有什麼問題？」得到的回答通常是：「我理解力不好，跟不上別人。我跟別人的關係，總是搞不好。他們凡事都針對我，不體諒我的困難。」

也有人這樣說：「我身體不好，不是這裡酸，就是那裡痛，全身機能都在衰退。」

還有人這麼說：「我沒有錢，所賺的錢又少，時常入不敷出。我太沒用，幾乎做什麼事情都做不對。」

我總告訴他們看看自己內心是否有根深柢固的信念，想想：「緊抓著這些

信念對我有幫助嗎？」同樣的問題，你可以問問自己。

那麼多年來你渴望的改變卻沒有發生，其原因我猜可能是在你內心根本不相信它會發生。因此，它就不可能實現。你聽說過的：「如果你的杯子已經裝滿了，便無法再裝什麼東西。」

每一個人都被自己相信會束縛我們的限制給束縛著

有研究者把南美河流中肉食的水虎魚放進水槽，進行以下實驗。這種魚為了找東西吃，會想游到水槽的另一端，但實驗者在水槽的正中央放了一塊玻璃檔住牠們。那些魚一直撞著看不見的透明玻璃，發現自己無法再前進。不久，這些魚就不再往玻璃方向撞。

幾個星期之後，玻璃板被拿開了，但是這些魚只游到水槽的中央，就會開始往回游。

其實多數人也被自己相信會限制我們的「玻璃」給限制了，只要你了解這一點，就可以看見自己無限的潛能。

如何改變信念？從選擇你想要的經驗開始。選擇你要當什麼樣的人，要做什麼樣的事，要擁有什麼。

好了，你要什麼？

若知道不會失敗，你會做什麼？

若可以擁有一切，你會怎麼做？

哥倫布發現新大陸，靠的不是航海圖，而是信心；一個身無分文的僧人，能夠建成一座宏偉的寺院，是他先有信念，然後付出行動，終於成為事實。想要成功，就要像成功者一樣地思考。

相信自己行，是一種信念，一旦擁有這種信心，就沒有什麼事能難倒你。

美夢成眞的捷徑

人們常渴望夢想，卻很少人能夠實現，因為實現夢想跟渴望夢想是完全不同的。

你是否也發覺到：你常會去渴求某樣東西，但是你對於能否得到並不抱希望。換句話說，你有一個期望，但是你對它並不樂觀。你想要成功，但是你並不相信會達成，那就是為什麼夢想往往只是「夢想」而已。

如果你沒有夢，如何美夢成真？

聽聽這些傑出人物怎麼說：

人們總認為能力與努力是帶來成功的關鍵，但真正帶來成功的，是主動作夢的能力。——飯店大王希爾頓

我從十歲起，就想像全世界每個家庭都配有一台電腦，並且立志一定要實現這個夢想。——微軟董事長比爾蓋茲

我在十二歲時，就立志成為導演。我甚至清晰地構思這個夢想，最後也終於如願以償。——國際知名導演史蒂芬．史匹柏

我的想像力將會創造真實，我是好萊塢最頂尖的電影導演！——迪士尼公司創辦人華特．迪士尼

我生動地想像著自己乘坐光線去太空旅行的場景，並在這種想像空間裡完

成了我的實驗和測量。——物理學家愛因斯坦

我從小就能清晰地看見自己成為世界首富後的模樣。我也從來沒有懷疑過會成為世界首富的事實。——股神巴菲特

的確，如果沒有夢，又如何美夢成真？若想獲得驚人的成就，這股渴望成功的強烈意志是首要的，更關鍵的是要將你的夢想視覺化——用心靈之眼看到栩栩如生的影像，這將大幅提高夢想成真的可能。

你沒有得到要求的，但總得到你所相信的

大多數奧運獎牌得主和世界級的運動員都會告訴你，想像在他們的成功中扮演了關鍵的角色。每一次比賽前，他們會想像、感覺和體驗他們完美地完成所有動作的細節。然後，在真正比賽的時候，他們就會自動進入想像的狀況中。

許多職業高爾夫選手也說：「擊出好球的一個秘訣乃是，在你擊球之前，先『看到』球滾到你要它到的地方。」

在影星阿諾・史瓦辛格尚未成名前，有一位記者訪問這位一心想當演員的健美運動員。當他提到自己最大的心願，是成為好萊塢最賣座的電影明星時，記者差點笑出聲來。

以阿諾當時所拍的電影水準、奧地利德語口音和誇張的身材，實在很難看出他會在電影界有什麼前途。

但是阿諾很認真的說：「我心裡先創造一個我想要的形象，然後投入這個角色，就當它是真實的一樣。」

活在已經完成心願的喜悅狀態

有一個朋友告訴我，他想如果能瘦下來，可以跑馬拉松，這是他很久以來的夢想，問題是，他已過四十歲，超重二十公斤，不過他仍下定決心。

他越是想到他將來的樣子，心裡越是感到興奮，當他開始看見自己變瘦，他越來越相信他能做到。

心想事成的秘訣，就是設法對你「想要」的東西感到興奮雀躍。

你應當以興奮雀躍的心情，去想像從事新工作的情景，而不是持續抱怨現在的工作。

你應當以興奮雀躍的心情，去感受完美演出，以及贏得勝利的美好。

你應當以興奮雀躍的心情，在腦海中想像成功的畫面，而不是悲觀和懷疑自己。

所以記住了：從現在開始，注意你內在的目標——保持快樂的心態，然後把自己活在已經完成心願的喜悅狀態，就是美夢成真的捷徑。

成爲一朵花，蜜蜂自然主動前來

我們習慣的思維模式是：要先有足夠的錢，才去做善事；要先得到愛，才願意付出愛；先擁有能力，才去努力；要擁有或得到某些東西，才覺得快樂，這是一般人普遍的認知。

但這樣做法卻是本末倒置。若沒擁有你想得到的東西，我們自然不快樂；若沒有先擁有能力，我們就不去努力；若沒有先得到愛，我們就不愛人；若沒有足夠的錢，就不去做善事。

其實，創造事實最快的方式，不是你「做什麼」或「有什麼」，而是你「是什麼」。

「做」與「有」的經驗，是從「是」產生出來

為了說明，讓我們設想有這麼一個人：他認為，如果再擁有多一點錢，多一點愛，或是解決某個問題，他就會快樂。

他一定很難快樂，因為他的快樂必須依賴外在的事物。

反之，如果他「是」快樂的人，不管做任何事都快樂，那麼他就可能賺更多錢、得到愛，或解決問題。

「做」與「有」的經驗，是從「是」產生出來。你想成為受歡迎的人，首先你必須先感覺到你「是」一位受歡迎的人，然後再以這種身份去思考問題、做事情，然後成為受歡迎的人。

想得到愛，不是費心去找愛你的人，而是成為有愛的人，自然有更多人愛你。想要富有，不必等到擁有什麼，而是先給予，讓自己在心態上成為一個富有的人，然後你就成了富有的人。

聖經上有一句話：「凡有的，還要加給他，叫他有餘。凡沒有的，連他所有的也要奪去。」這是什麼意思？難道有錢人更有錢，沒有錢的人會更沒錢嗎？這聽起來不是很不公平嗎？其實耶穌講的是心態，你一定要在意識上先感受到生命的美好和富足，然後美好和富足才會降臨在你身上。

你對別人笑，你也會感受到那微笑

有所求的祈禱之所以無效，是因為當我們要求某種東西時，就是在表明自己欠缺。正因為如此，許多智者一再提醒我們不要去要求，要多去感恩和給予。

我們常見到一些表面上看來並沒有什麼好感激的，卻為了人生的賜予而充滿感激之情的人。他們其實是在創造。因為當我們去感激，就表明已經在「是」的狀態，越懂得感恩，隨著那種感覺而來的好心情，又會吸引更多好事。

我們給予別人也一樣，當我們給出了一切，自己也會體驗到；就如同你對別人一笑，你也會感受到那微笑。

如果你給出歡樂，你就會是那個歡樂的人；如果你給出愛，你就會感受到愛的人，因為愛會流經你，再回到你身上。願意「給予」的人，往往能夠獲得更多。

我常說：一朵充滿花蜜的花，不需要要求蜜蜂為她傳授花粉，蜜蜂自然會主動前來。

在人生裡，如果你在尋求愛人，不是去尋找，而是要做你尋求的愛人。

在人生裡，如果你在尋求幸福，不是去找尋，而要成為人們的幸福之源。

在人生裡，如果你尋求快樂，不是去追求，快樂是你製造出來的，是你所成為的，是你所分享出去的。如果你在尋求歡笑進入你的生活，當你走進房間時，將歡笑帶進房間。

PART 12

每一個人都具有影響力

當你遇見美好的事物時，所要做的第一件事，就是把它分享給周遭的人，這樣美好的事物才能夠在這個世界上自由自在地散播開來。

——佛瑞斯特．卡特

有人因你活著幸福嗎？

從學生就開始搭公車，看過各式各樣的司機，有的服務態度惡劣，開車猛起步急煞車，飆車搶快，過站不停，出言不遜，還與乘客對罵；有的司機心情平和，乘客人上車說：「請扶好！」到站時說：「○○站到了！」下車時說：「謝謝！」面對這種敬業司機，下車時，我都要說一聲：「謝謝！辛苦了。」

前陣子報導說，公車上有扒手或性騷擾，公車司機立刻徵得全車同意將車子開到最近的派出所；也聽說有位公車司機在車上聽語言教學錄音帶，許多學生也跟著練習，一些上班族也當作複習。還聽朋友說搭澎湖的公車到西台古堡，司機車上播放〈外婆的澎湖灣〉讓他立刻愛上了澎湖……。

我要說的是：我們每一個人都具有影響力，事實上，不論你知不知道或喜不喜歡，只要與其他人有任何互動關係，你都在影響每個見到你、感受到你或聽到你的人。

因此問題不在你能不能發揮影響力，而是在於要發揮哪一種影響？

我對別人造成什麼影響？

「我對別人造成什麼影響？」這是大家要經常反躬自省的。

年輕人總希望父母能從他們的觀點來看事情，如果能從父母的觀點來看，就可以看出自己對家庭的影響——究竟你是減輕還是加重家裡的問題？你是幫忙，還是幫倒忙？

不管你從事什麼工作，擔任什麼職位，每一天，你也對周遭的人發揮影響力，他們可能是客戶、老闆、同事或是朋友。當你出於善意，表現出你最好的一面，你就是在造福他人。你要問的是：你在那個位置，是否盡力付出？有沒有你能做而沒做的？有沒有你能分享而忘了分享的？

假設你想創業或正經營某個事業，我希望你能好好思考下列問題：

◆你的事業能幫大家解決什麼問題？

◆你的產品或服務如何讓大家的生活變更美好？

◆如果你的事業明天就結束營業，這個世界會有什麼損失？

當你年紀老了，你又影響些什麼？你讓孩子看到什麼樣的範例？他們是否看到一個充滿慈愛的老人，不只享受每一天，還對未來充滿期待？或者，你是個愛吐苦水、充滿無奈的人？

我們的孩子會跟我們學習，孫子女也會。我們想要創造出怎樣的人生觀，讓他們學習和懷念呢？

讓你的存在，成為別人的祝福

泰瑞莎修女說：「每一個來到你面前的人，總要讓他離去的時候，變得更好、更快樂。你要作上帝仁慈的活見證；在你的面容裡有仁慈，在你的眼光裡有仁慈，在你的微笑裡有仁慈。」

你的一抹微笑，可以讓人如沐春風；你一句誠摯的感激，可能讓人一輩子銘記在心；你分享出美好事物，那份美好才能夠在這個世上散播開來。

我聽說，首都客運有個「笑話司機」，因為只要遇上塞車或發現乘客情緒低落，他就會主動在車上講笑話帶動氣氛。不少搭過車的乘客，還主動寫信向首都客運稱讚和上網發文介紹他，甚至還有人專程要搭車聽笑話。

想想看，在別人的生命中，你曾是或正是為他們帶來所需的溫暖或歡笑的人嗎？是否在他們需要的時候伸出你的手？有人因你活著而幸福嗎？

你唯一要做的就是行動，讓自己成為影響力中心——讓你的存在，成為別人的祝福。

凡事都爲自己快樂而做

今天你請朋友客，你會感到開心，如果你是勉強的，同樣是一餐，你卻不開心。為什麼？因為不是出於自願主動做的事，就不會開心。

所以，「凡事都為自己的快樂而做。」這是我在課堂上經常提到的，如果你不想做某件事，或覺得心不甘、情不願，那就別去做，否則到頭來只會落得犧牲委屈，最後還抱怨連連。

把「為對方做」，反過來想是「為自己做」

我們常聽到父母怨子女，伴侶怨配偶，女友怨男友、男友怨女友、怨朋友……。

「每次我都想到你，你卻沒有替我想。」

「我為他付出那麼多，他都沒有任何回報。」

「我每天都打電話給她，但她卻很少打電話給我。」

諸如此類「我這樣對你，你怎麼可以這樣對我」，原本是自願，卻變成抱怨。對方若不領情，又落得「好心沒好報」。

其實，如果我們能把「為對方做」，反過來想是「為自己做」，很多怨懟即可煙消雲散。

有位太太向朋友訴苦：「我跟先生完全沒話說，他回到家只會坐在那裡看報、看電視，什麼都不做，我很厭倦這種生活！」

「你有把你的想法告訴他嗎？」

「怎麼會沒說，以前常跟他抱怨，但說也沒有用，他就像木頭一樣。」

「那你試試把你的感覺告訴他，但是不要要求他做任何改變，讓自己保持愉快，看看會有什麼變化！」朋友建議她。

過了幾個月，她們又見面了，朋友想起了上回的問題，就問：「妳老公最近對妳如何？」

「對呀！我忘了告訴妳，自從上次你告訴我的方法，回去後不把他的反應當成我的訴求，我做我該做的。以前我會覺得很犧牲，現在我倒過來想，所有一切都是為我自己的快樂而做，我不必在乎他要有什麼反應，也不再怨他。說也奇怪，他最近會主動跟我說話，而且感情也好很多，真是謝謝你！」

因為是自己甘願，才會心中充滿歡喜

是的，你無法決定任何人的反應，你無法讓任何人快樂，那不是你能掌控的。你可以下廚做菜，找他一起看電影、泡咖啡給他喝。如果他不喜歡，你了解那是你自己想做的。你泡咖啡、看電影、下廚料理時很快樂，你是在為自己服務，無論他喜不喜歡都無妨。

這道理我也常提醒進入職場的學生。如果你認為：「我為公司打拚，為公司帶來利潤。」就會期待得到加薪和晉升，這往往是不平怨懟的開始；而「為自己」則完全不同，「這能增加我的經驗，建立更多人脈，提升解決問題能力。」人如果認為凡事「都是為自己做的」，不是為別人、為客戶、為公司、為主管，則自然凡事能盡心盡力，勇於承擔。

八八水災過後，有位學生到災區幫忙清掃家園，待了整個月。我就問：「會不會很累？」他說：「說不累，那是騙人的，真的很累。但是我做得很甘願、很歡喜。」這是真心話，因為自己心甘情願，心中才會充滿歡喜，正所謂「甘願做，歡喜受」。

多給一點，多做一點

記得小時候，在卓蘭老庄大樹下有個零售商，經常會給客人多一些東西，如果客人買了幾樣東西，店家會再多送一些東西，像是糖果或是冰棒，完全免費。或者顧客買兩斤的麵粉，店家會小心地秤兩斤麵粉，然後面帶微笑再加進一勺麵粉，這是培養顧客忠誠度的絕佳方法。

多給一點，同樣是增加自我價值的絕佳辦法。顧客、老闆，與公司永遠在找這樣的人，他們做的比原來允諾的還要多，做的比預定的還要快，做的比期待的更好一點，或者讓人覺得物超所值。

永遠思考：「我可以比別人多做一點什麼？」

幾年前，國外朋友寄給我月曆，至今我一直珍藏著，因為上面的一句話深深打動我。這句話是：「The difference between ordinary and extra ordinary is the little extra.」中文的意思是：平凡者和卓越者的區別，只是這小小「extra」，extra 是額外的意思，也就是額外多給一點，多做一點。

我觀察各行各業的成功者，這些人從事基層的工作，並非樣樣精通，但他們為什麼能比人出色、比人強？秘訣就在於，他們往往比別人多走一步，多流一點汗，多吃一點苦，多付出一點，多準備一點，多堅持一點。他們永遠思考：「我可以比別人多做一點什麼？」

所謂的「多做一點」，即是指越不喜歡、越困難的工作，就更需要多花時間去做的一種原則。這可以應用在任何地方。比方：多複習幾遍英文，在睡前多讀兩頁的書，堅持每天比別人多訪問十個客戶。

我認識一位從推銷起家的企業家，他告訴我：我每天都在想的幾個問題：最優秀的推銷員都在想什麼、做什麼？我的服務跟其他推銷員有什麼不同？客戶最關心的是什麼？我能額外提供什麼幫助？這小小的「extra」，突顯了他的價值。於是，他成了每個老闆和客戶都搶著要的人。

成功者之所以成功，是習於去做失敗者不喜歡做的事

社會上看到別人的成功，心理總有點酸溜溜的感覺，卻很少人探究別人多付出了多少。有人或許會說那是幸運，卻很少思考：為什麼當機會來臨時我們無法掌握？因為，機會總是喬裝成「問題」的樣子。

當顧客、同事或是老闆交給你問題，可能正為你創造了一個珍貴的機會。再如，主管要求做些額外的工作時，多數員工會說：「這不是我份內的事。」

卻很少想到，如果不是你的工作，而你做了，這或許就成了你的機會。

美國著名出版商喬治．W．齊茲十二歲時，便到費城一家書店當營業員，他工作勤奮，而且常常積極主動地做一些份外事。他說：「我並不僅僅只做我份內的工作，而是努力去做我力所能及的一切工作。我想讓老闆承認，我是一個比他想像中更加有用的人。」

比別人能提供的服務越多，就是「越有用的人」。任何成功人士之所以成功，都是因為願意做別人不願做的事情。假如你做的事都跟別人一樣，別人休息你也休息，別人摸魚你也摸魚，那別人得到什麼，你也只能得到什麼。

要想得到別人得不到的東西，永遠要記住：額外多給一點，多做一點。讓人覺得物超所值，那麼你的價值必然也跟著水漲船高！

你給別人，就是給自己的

人與人交往只有兩個基本問題：

一、我能給別人什麼？

二、我能給自己什麼？

這兩個問題的順序絕對不能顛倒，這很重要，因為你帶給別人什麼，你就帶給自己什麼。

如果對人擺臭臉，別人也會給你臭臉；你常批評別人，你也會接收到許多批評；你給別人挖洞，自己也可能掉到洞裡。同樣道理，當你帶給別人微笑，你就會看到笑臉；你讚美別人，就會得到讚美；如果你經常帶給別人祝福，不久你也會收到別人的祝福。你給別人的，其實是給自己的。

計較得越多，失去得越多

有一隻蜜蜂和一隻黃蜂正聊天，黃蜂氣惱地說：「奇怪，我們倆個有很多共同點，同樣是一對翅膀，一個圓圓的肚子，為什麼別人提到你常是讚美的，提到我卻說我是害蟲呢？」

黃蜂接著又忿忿地：「我真不明白，真要比起來，我有一件天生的漂亮黃色大衣，而你卻成天髒兮兮的忙裡忙外，我到底哪一點不如你呢？」

蜜蜂說：「黃蜂先生，你說的都對，但我想人們會喜歡我，是因為我給他們蜜吃，請問你為人們做了什麼呢？」

黃蜂氣急的回答：「我為什麼要幫人們做事，應該是人們要來捧我吧！」

蜜蜂接著說：「你希望別人怎樣待你，就得先怎樣待人。」

是啊！就好像站在火爐前，說道：「火爐，先給我多一點溫暖，然後我才給你加點木柴。」可能嗎？你不先加木柴，又怎能得到更多的溫暖？

如果我們太計較，只想到「別人有什麼，為什麼我沒有？」「我能從中得到什麼？」太精明，愛算計的人，即便佔得先機，也不會長久。

「斤斤計較」不但累人，失去生活樂趣，連快樂都會被侵蝕掉。

施予之手便是收成的手

「愛應先給後得」。在你得到任何東西前，必先給予。你愛得越多，就越討人喜愛；愛得越少，人生會越封閉，活得越狹隘。

有一個五十歲的女人，丈夫去世不久，兒子又墜機身亡，她被悲傷和自憐的情緒包圍，後來得了憂鬱症，一度產生自殺的念頭。好心的鄰居帶她去找精神醫學家阿德勒，醫生問清病情後，勸她去做些能使別人快樂的事。

一個五十歲的婦人能做些什麼呢？

她過去喜歡種花，自從丈夫和兒子去世後，花園都荒蕪了。她聽了心理醫師的建議後，開始整修花園，施肥灌水，撒下種籽，很快就開出鮮艷的花朵。從此，她每隔幾天就將親手栽種的鮮花，送給附近醫院的病人。

她為醫院的病人帶來了溫馨，換來了一聲聲感謝，而這一句句美好的感謝，輕柔地流入她的心田，治癒了她的憂鬱症。

她還經常收到病癒者寄來的賀年卡、感謝信，這些卡和信幫助她消除了孤獨，使她重獲人生的喜悅。

施予之手便是收成的手。那就是為什麼人們常說「真愛不求回報」，因為愛的本身就是最好的報酬。

僅僅是愛的付出，在那個愛的行動裡，就讓整個人都洋溢著幸福，誰在乎有沒有回報。

給別人散播花香的人，自己也會沾上一縷花香。為別人帶來陽光的人，自己也不會被排除在外。

在這世界上，你必須成為你希望看到的改變。

——聖雄甘地

高寶書版集團
gobooks.com.tw

HL 078
思路，決定你的出路【暢銷十週年增訂版】：47 個啟動人生進階思維的練習題
作　　者　何權峰
主　　編　吳珮旻
編　　輯　鄭淇丰
封面設計　林政嘉
內頁排版　賴姵均
企　　劃　鍾惠鈞

發 行 人　朱凱蕾
出　　版　英屬維京群島商高寶國際有限公司台灣分公司
　　　　　Global Group Holdings, Ltd.
地　　址　台北市內湖區洲子街 88 號 3 樓
網　　址　gobooks.com.tw
電　　話　(02) 27992788
電　　郵　readers@gobooks.com.tw（讀者服務部）
傳　　真　出版部 (02) 27990909　行銷部 (02) 27993088
郵政劃撥　19394552
戶　　名　英屬維京群島商高寶國際有限公司台灣分公司
發　　行　英屬維京群島商高寶國際有限公司台灣分公司
二版日期　2023 年 09 月

國家圖書館出版品預行編目 (CIP) 資料

思路，決定你的出路：47 個啟動人生進階思維的練習題 / 何權峰著 . -- 二版 . -- 臺北市：英屬維京群島商高寶國際有限公司臺灣分公司，2023.09
面；　公分 . -- (生活勵志；HL078)

ISBN 978-986-506-820-2(平裝)

1.CST: 修身 2.CST: 生活指導

192.1　　112014533

心所想的一切即是事實

所有快樂的人都是有心變得快樂。
我們覺得事情真的如此美好的時候，喜樂就這麼產生了。

基本上，生命只有一條法則：你的生命會如此，都是你自己決定要如此。如果你認為外面的噪音會打擾你，那麼它就會打擾你，因為你準備被打擾。如果你很厭惡某人，你就會越發肯定這個人是令人討厭的。一個憂鬱的人因為預期未來是沒有希望的，所以在他的眼中只會看到灰暗、負面的事情。心所想的一切即是事實。

有一句老諺語：「你的世界是你的思想創造出來的。」這句話是對的，它完全正確。如果我專注看失去的部分，心情就陷入沮喪；如果我害怕會有危險，內心就處在恐懼當中；如果我說：「我就知道事情沒那麼簡單。」事情往往就不順利；我發現許多發生在身上的事，在發生之前，我確實想過它會發生。

每一個思想都會變成「自我應驗預言」，所以要覺知。不要總是煩惱這煩惱那，或抱怨東抱怨西，你所看到的世界是你所選擇看到的世界。如果你有困擾或憂慮，老是去想最糟的狀況，對自己沒什麼好處。為什麼要花心思去想像最差的結局呢？你應該用熱情和樂觀去觀想渴望的結果。

別老記得傷害你的人，卻忘了讓你微笑的人。不要總是看錯誤的地方，要欣賞那個美的。與其抱怨挑剔伴侶，不如多想想對方所有讓你開心的、好的事情，把對方的優點列一遍，這樣感情自然越來越好。

你想人生美好，就把話題轉到美好的事物，專注在讓你感到喜悅的事物。你就是在為這世界帶來更多美好的事物；同時，也為自己的生命帶來更多的喜悅。

蘿絲太太已經九十歲了。她一早就穿戴整齊，頭髮梳成最時髦的樣式，臉上化妝一點也不含糊。

她先生剛剛去世，而她幾乎看不見任何東西了，因此，她必須搬到養老院居住。

她在養老院的大廳裡等待分配房間。她一點也不急躁，只是安靜地等著，臉上帶著微笑。

房間準備好了，養老院的社工人員領著她進住。在電梯裡，社工人員將房間內部的狀況與佈置描述給她聽。老太太驚嘆起來，就像小孩得到心愛的禮物一樣。

社工人員說：「老太太！慢點高興，妳還沒看到妳的房間呢！」

但是老太太說：「那沒關係！快樂是自己決定的。我喜歡這間房間並不是因為它的佈置，而是我早就決定要喜歡它。每天早上我醒來，我都會決定要快樂一整天。」

「我可以躺在床上，想我自己有多悲哀，我身體大部分的器官都已經不能用了。但我也可以高高興興起床，為剩下還能用的器官獻上感謝。」

瑞典諺語說：「想唱歌的人永遠找得到歌曲。」所有快樂的人都是有心變得快樂。

今天起，試著讓每天早上出現在心中的第一個想法是：「我選擇喜悅。」設定這樣的意念：「今天無論遇到什麼狀況，無論喜不喜歡，無論是令人愉快或不快，我都決定選擇喜悅。」無論你正陷入低潮、失望或沮喪，不管持續了幾天或幾個月，只要一想到，就對自己說：「我選擇喜悅。」以喜悅面對世界，感受內在的喜悅，帶給別人喜悅，你就會充滿喜悅。

你曾經暫停下來，注意到自己最常想些什麼嗎？意識最常專注在什麼地方？

你必須經常這麼提醒自己：「我現在把意識專注在什麼地方？」並問：「這些想法會為我創造什麼？」

當我這麼想，我有什麼感受？我感到憂慮恐懼，還是樂觀和希望？

我希望人生達到什麼樣的狀態？我能怎麼做或怎麼想，在現在就創造這樣的狀態？

萬事感謝，我什麼怨言也沒有

人生有數不盡的美好，
你沒感覺到是因為欠缺感恩的心。

當我們檢視自己的情緒狀態時，你會發現心一直起伏不定：一天開心，隔天難過；這一刻欣喜，下一刻低落。想過嗎？這些情緒變化的底下，究竟是些什麼？

從觀察和訪談中發現，在每個幸福情緒下是感恩的心智狀態，而在絕大多數負面情緒底下的是某種不滿足。

我們經常沒日沒夜地煩惱沒完成的事、生活上面臨的壓力、身體又不舒服了、小孩的成績、伴侶不體貼。換句話說，我們太過注意問題，對於生活中平順的一切反而不當一回事。

不單如此，我們一直活在不滿足的狀態。好似賺多少錢都不夠。我們可能穿著新買的鞋，又看上另一雙鞋；住在不錯的房子，卻嫌不夠氣派；抱怨自己不夠聰明、不夠漂亮、不夠苗條、不夠成功與富有……結果，越去想自己欠缺的，就越發沮喪，而越沮喪就越會去想欠缺的。於是，我們變得不滿，滿腹牢騷。

昭和期日本禪僧柴山全慶的英語著作《花不語》有一段寓言：

有個名叫娑娜的女人因為虔誠純淨而受到眾人的景仰。有一天，一位長途跋涉來拜見她的佛教徒向她問道：「我要如何才能安定我的心？」

娑娜說：「每天早上和晚上，凡有事情降臨到你身上時，你都要說：『萬事感謝，我什麼怨言也沒有。』」

那個男子依言做了一整年，但他的心仍然不得平靜。他羞愧地回去見娑娜。「我一次又一次照您說的話去做，我的生活依然沒有改變，我仍是以前那個愛抱怨的人。現在我該怎麼辦呢？」

娑娜立刻說：「萬事感謝，我什麼怨言也沒有。」

聽到這兩句話，那個男人突然得到啟悟，懷著極大的喜悅返家。

抱怨和感謝是完全不同向度。感恩，就是看見我們擁有的東西；而抱怨則是專注在我們欠缺的東西。換言之，抱怨的人不可能感恩，感恩的人不可能抱怨。

不要把別人的善意看作理所當然，多去看自己擁有的。想想，你的父母每天幫你洗衣、煮飯，照顧你、教育你，你有感謝過嗎？你有吃有住、有安穩的工作、可愛的孩子、有關心你、支持你的人，你有心存感恩嗎？

感謝生活中順利與美好的事物：一床溫暖的被窩，一桌熱騰騰的飯菜；一群同甘共苦的夥伴，一個期待的旅行；一個陽光般溫暖的微笑，一句熟悉不過的叮嚀……你可以多去發掘，把每樣值得感恩的事列一張清單。時時心存感恩時，就不可能感覺到煩惱、生氣、憂鬱沮喪等負面情緒。

即使有東西吃，能正常呼吸也要感恩。因為在地球上，每天都有成千上萬的人死於饑餓。在醫院有無數人正插著管子在維持生命；每天，全世界有二十萬人離開了人間，更有上百萬人，在死亡邊緣徘徊。他們氣數已盡，也許呼吸不到下一口氣，而你卻能自由的呼吸，難道不值得感恩嗎？

記住，萬事感謝，自然什麼怨言也沒有。

人生有數不盡的美好，我們沒感覺到是因為欠缺感恩的心。

當你飢腸轆轆時，你吃在嘴裡的每一口麵包，都變得風味十足。你以感恩的心，細細品嚐口中的美味，感到無比的享受。令你感到幸福的，並不是手上那塊麵包，而是因為你開始懂得品嚐。

用感恩的心觀察每一樣事，隨時隨處都變得美好。每一個春天，繁花盛開；每一個秋天，楓葉轉紅；每一個早晨，旭日東昇；每一個傍晚，晚霞滿天。這不是現在才發生的，而是一直都在，只是我們視而不見。

幸福美滿的祕訣

幸福就在感受中。
你能夠感受到幸福的地方，那個地方就有你的幸福。

每當談到幸福美滿，人們總是說：「如果我有……，我就快樂滿足。」身邊沒伴的時候，我們盼望著「要是有個伴就好」，現在伴侶就在身邊，你幸福美滿嗎？當你上班的時候不快樂，但是你離職或退休後就一定快樂嗎？你覺得錢不夠，你說：「等我賺夠錢，我就滿足。」當錢越來越多，你有越來越滿足嗎？

事實上，得到你想要的東西和得到滿足是兩碼子事，滿足是來自內心。如果心中沒有滿足，沒有快樂，到最後我們還是無法感到滿足和快樂。就算事業很成功，銀行裡有大筆存款，配偶、車子、房子、孩子樣樣不缺，還是不滿足。

不滿，是因為我們想從外在去尋找內在的滿足。如果你感覺內心空虛無趣，你可以用任何東西填補。你可以去看電影，去遊樂場，吃美食，大肆採購，然後呢？在幾天，幾個月之後呢？你就不空虛，就變有趣了嗎？

看看你櫃子裡的衣服、鞋子，你可能覺得還缺了些什麼。但比起你在學生時代所擁有的，現在已經多出很多了。為什麼還不滿足？因為你又想要其他東西，對嗎？人就是這樣，不斷追求無法被滿足的新欲望，以致沒有心思去享受已經擁有的。想過嗎？當你滿足時，又怎麼會有這麼多的欲望？當你有那麼多欲望時，又如何能滿足呢？

在世界上很多地方，如果一個人能擁有一件襯衫、一雙鞋、能喝到乾淨的水，就會被認為是幸運的。他們充其量只能算比饑餓稍微好一點，可是他們卻活得很喜悅。他們的生活充滿了歡笑、歌舞，並慶幸他們所擁有的一切。知道這件事非常重要。

說一個人富足，不一定說他很有錢，而是說他心中有很多感激的對象。感激大自然、感激身旁陪伴的人、感激擁有的一切。也就是說，你發現越多值得感謝的事，你就越富足。

一個人的幸福，也不是因為他擁有很多，而是他用心感受。欣賞一朵花、一片葉、青青的草地、潺潺的小溪、婉轉的鳥叫、落日的餘暉、路旁飄散的咖啡香……你能夠感受到幸福的地方，那個地方就有你的幸福。

大哲盧梭在《懺悔錄》中，以感性的筆觸詠嘆了生活的幸福時光：「黎明即起，我感到幸福；清晨散步，我感到幸福；我在樹林和小丘間蕩漾，我在山谷間徘徊，我讀書，我閒暇無事，我在院子裡幹活，我採摘水果，我幫忙家務——不論到什麼地方，幸福步步跟隨著我。這種幸福並不存在於任何可以明確指出的事物中，而是完全在我的身上，片刻也不曾離開。」幸福就在感受中。

擁有幸福美滿的秘訣就是感受幸福美滿——當我們與家人朋友在一起，就是美滿，而不是要到世界各地旅遊才美滿。當我們騎著單車，悠閒地吹著涼風，就是幸福，而不是騎著單車，還在尋找幸福在哪裡。

不要老想要怎麼滿足，而是問自己：「為什麼我有那麼多不滿？」

如果你不知道滿足，那麼你又怎麼可能對目前的生活滿意？

追求富足人生，並不在於外在擁有什麼，而是要問自己：「內心到底缺少什麼？」

感受就像是「1」，假如你將零放在「1」後面，那麼你便有「10」，如果你將另一個零放在那個「1」後面，你便有「100」。你在「1」之後所放的每個零都是好的；若是沒感受到，你在「1」之前放再多的零也沒什麼意義。

你感到不滿足、感受不到幸福，是因為缺少了感恩的心，欠缺用心去感受。

高寶書版集團
gobooks.com.tw

HL 064
你的煩惱和痛苦，都是假的

作　　者　何權峰
總 編 輯　蘇芳毓
編　　輯　賴芯葳
美術編輯　邱筱婷
排　　版　趙小芳
企　　畫　劉佳澐

發 行 人　朱凱蕾
出　　版　英屬維京群島商高寶國際有限公司台灣分公司
　　　　　Global Group Holdings, Ltd.
地　　址　台北市內湖區洲子街 88 號 3 樓
網　　址　gobooks.com.tw
電　　話　(02) 27992788
電　　郵　readers@gobooks.com.tw（讀者服務部）
　　　　　pr@gobooks.com.tw（公關諮詢部）
傳　　真　出版部 (02) 27990909　行銷部 (02) 27993088
郵政劃撥　19394552
戶　　名　英屬維京群島商高寶國際有限公司台灣分公司
發　　行　希代多媒體書版股份有限公司 /Printed in Taiwan
初版日期：2016 年 11 月

國家圖書館出版品預行編目 (CIP) 資料

你的煩惱和痛苦，都是假的 / 何權峰著 .
-- 初版 . -- 臺北市 : 高寶國際出版 :
希代多媒體發行 , 2016.11
面 ;　公分 . -- (生活勵志 ; HL064)

ISBN 978-986-361-338-1(平裝)
1. 修身　2. 生活指導
192.1　　105017858

GOBOOKS
& SITAK
GROUP©